299 SCHLAUE DINGE ÜBER SPORT, DIE JEDES KIND WISSEN SOLLTE

299 SCHLAUE DINGE ÜBER
SPORT
DIE JEDES KIND WISSEN SOLLTE

Andreas Beune

Andreas Beune:
299 schlaue Dinge über Sport, die jedes Kind wissen sollte

© Andreas Beune / Covadonga Verlag 2021

ISBN (Print) 978-3-95726-042-0
Covadonga Verlag, Spindelstr. 58, 33604 Bielefeld

Mit Illustrationen von Willi Capsa

Druck und Bindung: Westermann Druck Zwickau GmbH

1. Auflage, 2021

Alle Rechte vorbehalten. Wiedergabe, auch auszugsweise,
nur mit ausdrücklicher Genehmigung des Verlags.

Bibliografische Information der Deutschen Nationalbibliothek:
Die Deutsche Nationalbibliothek verzeichnet diese Publikation
in der Deutschen Nationalbibliografie; detaillierte bibliografische
Daten sind im Internet über http://dnb.dnb.de abrufbar.

Covadonga ist der Verlag für Radsportliteratur.
Besucht uns im Internet: www.covadonga.de

Für Anja, Simon und Oskar

WILLKOMMEN IN DER
BUNTEN WELT DES SPORTS

Egal ob du deine Lieblingsfußballschuhe anziehst, in die Pedale deines Fahrrads trittst oder ins erfrischend kalte Wasser springst: Sport macht Spaß, hilft gegen Langeweile und ist (meistens) gesund. Sport kann Selbstbewusstsein stärken und Freundschaften festigen. Und nicht zuletzt kann Sport auch den eigenen Horizont erweitern. Kurzum: Sport ist eine der schönsten Freizeitbeschäftigungen überhaupt. Da können auch keine Spielekonsole und kein Smartphone-Game mithalten. Das glaubst du nicht? Dann möchte dieses Buch dich vom Gegenteil überzeugen.

Die Welt des Sports ist so bunt wie eine riesengroße Packung kolorierter Schokolinsen. Und genauso soll dieses Buch sein: Es soll dich auf jeder Seite neu überraschen. Du lernst andere Varianten kennen, um mit allseits beliebten Sportarten wie Fußball noch mehr Spaß zu haben. Es geht um Disziplinen, die hierzulande kaum einer kennt, die aber anderswo auf der Welt ungemein populär sind. Du wirst coole, leider in Vergessenheit geratene Spiele wiederentdecken, bei denen früher deine Oma oder dein Papa aus der Puste gekommen sind. Außerdem erhältst du Tipps und Tricks, wie du auch in Sportarten eine gute Figur abgibst, mit denen du dich vorher noch nicht so intensiv beschäftigt hast. Und zwischendurch wirst du bemerkenswerten Geschichten, Anekdoten und Zitaten von berühmten und weniger berühmten Sportlern begegnen, die dich vielleicht zu eigenen Abenteuern inspirieren.

Dieses Buch will nicht mit komplizierten Regeln aufwarten. Stattdessen findest du kurz und knapp erläuterte Spielideen für draußen und drinnen, die du ohne großen Aufwand ausprobieren kannst. Das Buch soll dich anregen, deine eigenen Spielvarianten zu erfinden und Spielideen an die Bedingungen bei dir zu Hause anzupassen. Wichtig ist, dass alle Mitspieler die Regeln kennen und sich darüber verständigt haben. Das erspart müßige Diskussionen während eines Spiels.

Generell gilt: Habt Mut und gebt nicht zu früh auf, wenn mal etwas nicht gleich funktioniert. Bekanntlich ist noch kein Meister vom Himmel gefallen (abgesehen von Felix Baumgartner, aber das ist eine andere Geschichte…). Traut euch was. Wenn mal ein blauer Fleck oder eine kleine Schramme rauskommt, kann das schon mal passieren. Mehr aber auch nicht. Deshalb: Passt immer auf euch und alle Mitspieler auf und geht keine unkalkulierbaren Risiken ein. Wenn ihr unsicher seid, fragt Eltern, Großeltern oder andere Erwachsene, denen ihr vertraut.

Aber nun: Los geht's, viel Spaß!

Andreas Beune

299 schlaue Dinge über Sport findest du in diesem Buch. Eine bunte Mischung aus Ideen, Anregungen, Spielregeln und Geschichten. Damit du dich besser zurechtfindest, gibt es ein paar Rubriken, die mit entsprechenden Symbolen versehen sind.

Tipps für **Spiele und Wettbewerbe** erkennst du am Spieler mit Ball am Fuß.

Ist das Spiel für **drinnen** oder **draußen**? Haus oder Sonne verraten es dir.

Ganz klar: Bei Büchern geht es um **Sportgeschichte**.

Film-Tipps haben das Kamera-Symbol.

Rekorde erkennst du an einem Pokal.

Skurriles ist mit einem Smiley gekennzeichnet.

Zitate erkennst du an einem Mikrofon.

Tipps & Tricks haben ein Lautsprecher-Symbol.

001 WIE DER FRISBEE AUF DIE WELT KAM

Mit fliegenden Scheiben haben die Menschen wahrscheinlich schon in Zeiten gespielt, als es weder Eisenbahnen noch Fernsehen gab – der Frisbee ist aber ein Kind des 20. Jahrhunderts. Den Namen verdankt die Wurfscheibe einer amerikanischen Firma. Die *Frisbie Pie Company* verkaufte unter anderem Kuchen und Gebäck in runden Metalldosen. Eines Tages entdeckten ein paar Studierende in Connecticut nach Verzehr der krümeligen Süßigkeiten, dass sie sich die leeren Dosen oder Deckel prima zuwerfen konnten. Ein Kunststoff-Fabrikant kam dann auf die Idee, die Scheiben für den Freizeitspaß herzustellen.

002 *Der besonders faire Teamsport*

Frisbee ist mittlerweile nicht nur ein Freizeitvergnügen für den Stadtpark oder Strand. *Ultimate* heißt die Mannschaftvariante, die ziemlich weit verbreitet ist. Weil die Spieler ohne Schiedsrichter auskommen und Fouls und Regelverstöße selber ahnden, gilt Ultimate als fairste Sportart der Welt (davon können sich manche Profisportler eine Scheibe abschneiden). Daneben gibt es noch eine Reihe weiterer Spielarten für Einzelspieler und Teams wie Discgolf, Freestyle, Weitwurf und Double Disc Court (ein Rückpassspiel mit zwei Scheiben). Der Rekord im Frisbee-Weitwurf liegt übrigens bei mehreren hundert Metern. Wenn du das mal nachmachen möchtest, brauchst du also etwas Platz…

003 **JOKEIBA**

 Das dürfte deine Eltern wahrscheinlich freuen (und manchen Zahnarzt ärgern): *Jokeiba* ist eine Ballsportart, die an American Football und Rugby erinnert, aber deutlich fairer ist. Zwei Mannschaften müssen durch gezieltes Passspiel mit einem Football versuchen, Punkte im gegnerischen Torraum zu erzielen.

Die gängigen Regeln sehen so aus: Zu einer Mannschaft gehören fünf Spieler. Mit dem eiförmigen Ball wird nicht gelaufen, lediglich ein Sternschritt ist erlaubt. Der Ball muss nach 3 Sekunden gespielt werden. Rempeln und Stoßen sind verboten. Bei einem Foul bekommt die andere Mannschaft den Football. Um einen Punkt zu erzielen, müssen die Spieler in den abgesteckten Torraum springen und dabei den Ball in der Luft fangen.

Wichtig ist das Spielfeld: Normalerweise ist es 48 Meter mal 24 Meter groß, die Torräume sollten 8 Meter mal 8 Meter messen. Je nachdem wie viel Platz du hast, solltest du die Größe des Feldes und der Torräume anpassen.

004 DER BESTE FILM ÜBER DEN VERMUTLICH SCHLECHTESTEN SKISPRINGER DER WELT

»*Eddie the Eagle – Alles ist möglich*« heißt der Spielfilm aus dem Jahr 2016, der sich die Karriere des verrückten britischen Skispringers Michael Edwards (Spitzname »Eddie the Eagle«) zum Vorbild genommen hat. Edwards war der erste Springer, der für Großbritannien an einem Skisprungwettbewerb bei den Olympischen Winterspielen an den Start ging. Großbritannien hat in der Vergangenheit viele erfolgreiche Sportler hervorgebracht, Wintersportler waren allerdings nur sehr, sehr, sehr, sehr selten darunter. Eine Erklärung könnte sein, dass es in Großbritannien häufig regnet, aber nur selten schneit.

Michael Edwards verfügte nicht wirklich über großes Talent für das Skispringen. Meistens landete er auf dem letzten Platz eines Wettbewerbs – und das mit gehörigem Abstand zum Vorletzten. Geärgert hat ihn das aber nicht besonders. Er hat einfach immer weitergemacht. Typisch für ihn waren seine großen Brillengläser, die bei den winterlichen Bedingungen oftmals beschlugen.

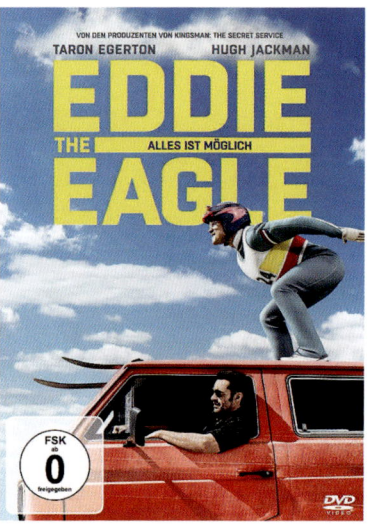

Der beste Film über den Skisprungsport ist die Komödie aber nicht. Ganz toll ist zum Beispiel die Dokumentation »*Ready to Fly*« (2012) über die US-amerikanische Skispringerin Lindsay Van. Die Sprache des Films ist Englisch. Wenn du das Fach in der Schule hast, ist das eine prima Gelegenheit, einmal waschechtes Englisch zu hören.

005 HANDTASCHENWEITWURF

Vielleicht ist deinen Eltern ja auch schon mal beim Anblick einer alten Handtasche der Spruch »Die kannst du ja wohl mal wegwerfen« über die Lippen gekommen. Tatsächlich gibt es auf der ganzen Welt Menschen, die Handtaschenweitwurf als Sport betreiben – wenn auch mit einem Augenzwinkern. Bei dem Wettkampf geht es darum, eine mit Sand gefüllte Handtasche so weit wie möglich durch die Luft zu schleudern. Von 2012 bis 2016 sind in Bottrop-Kirchhellen jährlich offizielle Weltmeisterschaften ausgetragen worden. Als Ursprung der Titelkämpfe gilt ein versuchter Raubdiebstahl in einem Kölner Café, der vom späteren WM-Organisator beobachtet wurde. Diese Tat hatte ihm vor Augen geführt, welchen Stellenwert die Handtasche für Menschen haben kann.

006 *Wurftechniken*

Als Wurfmöglichkeiten stehen beim Handtaschenweitwurf zur Auswahl: Stoßen, Freestyle, Diskuswurf und der kurzangebundene Kurbelwurf in gebeugter Position.

Stoßen

Beim Stoßen stehen die Werfer mit beiden Beinen parallel zur Wurfrichtung und halten die Tasche seitlich an beiden Henkeln. Geworfen wird mit beiden Händen, das Ausholen erfolgt nach hinten durch die Beine.

Freestyle

Beim Freestyle ist fast alles gestattet, solange du keine Drehungen einbaust und nicht über die Abwurflinie trittst.

Diskurswurf

Der Handtaschen-Diskuswurf orientiert sich an den Wurfbewegungen der gleichnamigen Leichtathletikdisziplin.

Kurbelwurf

Beim Kurbelwurf hältst du die Tasche mit einer Hand fest. Dann holst du mit Kurbelbewegungen richtig Schwung, bevor die Tasche möglichst weit nach vorne fliegt.

Für Aufsehen nicht nur in der Handtaschenweitwurf-Szene sorgten die Weltrekorde, die 2019 bei einem vom Österreichischen Leichtathletik-Verband ausgerichteten Wettkampf erzielt wurden. Will Dibo schleuderte eine mit 2 kg beschwerte Tasche dank Diskuswurf-Technik auf beachtliche 71,31 Meter, bei den Frauen erzielte Tatjana Meklau mit Hammerwurf-Technik eine neue Bestmarke von 49,68 Metern. Ihre Handtasche trug ein Gewicht von 1 kg. Bei dem Wettbewerb in Wien hatten 30 Profis und Amateure aus verschiedenen Leichtathletik-Vereinen teilgenommen.

007 MIT DEM BASKETBALL JONGLIEREN

 Einen drehenden Basketball auf einem Finger zu jonglieren, sieht so herrlich einfach aus, erfordert aber tatsächlich sehr viel Übung. Lass dich also nicht entmutigen, wenn der Ball bei deinen ersten Jonglierversuchen häufig auf den Boden plumpst. Beim Üben solltest du darauf achtgeben, dass du den Basketball nicht zu hoch wirfst, weil er dann mit zu viel Speed auf deine Finger saust. Deine Knochen freuen sich über diese Vorsichtsmaßnahme. Achtung: Das Üben geht ganz schon aufs Handgelenk, mach also lieber regelmäßig eine kleine Pause. Diese Tipps helfen dir bei den ersten Jonglier-Versuchen:

Der richtige Schwung

Wer den Basketball auf dem Finger jonglieren möchte, braucht dafür den notwendigen »Spin«. Das heißt: Der Ball sollte mit schön viel Drall um sich selbst rotieren. Je schneller er sich dreht, desto größer ist die Chance, dass du ihn lange auf dem Finger halten kannst.

Entscheidend ist der Anfangsschwung. Probiere aus, ob du dafür besser eine Hand oder beide Hände verwendest. Manche nehmen lieber zwei Hände, um den Ball gezielt zu werfen und ihn anschließend mit dem Finger aufzufangen. Andere legen den Basketball auf die Innenfläche ihrer stärkeren Hand und bugsieren ihn dann mit einer schnellen Drehung des Handgelenks auf die Fingerspitze.

Die richtige Haltung

Bei der häufiger verwendeten Variante mit einer Hand greifst du den Basketball für eine gute Ballkontrolle mit den Fingerspitzen und lässt etwas Luft zwischen der Handfläche und dem Ball.

Übe zunächst einmal, den Ball mit der Hand zu drehen. Achte darauf, dass deine Fingerspitzen zu Beginn zum Körper zeigen. Nachdem du das Handgelenk gedreht hast, sollten deine Fingerspitzen vom Körper weg zeigen.

Probiere dann, den Ball etwas nach oben zu werfen – und ihn gleich wieder mit dem Zeigefinger aufzufangen. Der Finger sollte möglichst direkt in der »Mitte« des Basketballs liegen. Dort, wo die schwarzen Rillen aufeinandertreffen.

Noch zwei Tipps

Wenn der Ball auf deinem Finger kreiselt, aber allmählich an Spin verliert, kannst du ihm mit der anderen Hand neuen Schwung verleihen.

Du kannst statt deines Zeigefingers auch kleinere Gegenstände nehmen, um den Ball darauf zu jonglieren – zum Beispiel einen Stift.

008 **SAUBALL**

 *Sauball* ist ein ganz altes Ballspiel, das ein wenig an Hockey erinnert. Jeder Mitspieler braucht dafür einen Schläger. Wenn du keine richtigen Hockeyschläger hast, kannst du Stöcke, Besenstiele oder Krocketschläger nehmen. Der Spielball sollte etwas größer sein, ein Tennisball wäre zu klein.

Gut ist, wenn dir eine Rasenfläche zur Verfügung steht, die ruhig etwas in Mitleidenschaft gezogen werden darf. Dann kannst du nämlich ein paar Löcher buddeln. Zunächst gräbst du in der Mitte des Feldes eine Kuhle: den »Kessel«. Dieser sollte so groß sein, dass der Spielball Platz darin findet. Nun machst du in einem Kreis um diese Mitte so viele Löcher, wie es Mitspieler (außer dem Startspieler!) gibt. Diese Löcher müssen nicht ganz so groß sein. Aber sie sollten alle gleich weit vom Kessel entfernt sein und untereinander einen ähnlichen Abstand haben.

Der Startspieler steht in der Mitte, während die anderen mit ihrem Schläger zu ihrem Loch gehen. Einer der Spieler (nicht der Startspieler) nimmt den Ball und wirft ihn weg. Der Startspieler, »Sautreiber« genannt, rennt nun zum Ball und versucht, ihn mit seinem Schläger so zu bewegen, dass der Ball in den Kessel in der Mitte gelangt. Die anderen Spieler sollen genau dieses Vorhaben verhindern. Sie dürfen mit ihren Schlägern natürlich nur den Ball treffen, nicht den Spieler.

Der Sautreiber hat zwei Möglichkeiten, eine Runde zu gewinnen: Entweder gelingt es ihm, den Ball in den Kessel zu treiben. Oder er schafft es, seinen Schläger in ein frei gewordenes Loch aus dem Kreis zu setzen. Deswegen sollten die Mitspieler beim Versuch, den Sautreiber vom Ball zu trennen, auch immer ihr eigenes Loch im Blick haben.

Von diesem alten Spiel gibt es unzählige Versionen – du kannst die Regeln gerne anpassen. Man kann das Ganze zum Beispiel auch als Fußballvariante spielen.

Wenn ihr keinen Rasen habt oder eure Eltern euch das Lochausbuddeln verboten haben, könnt ihr es auch einfach mit Kreisen als Zielfläche spielen, die ihr z. B. mit Sand oder kleinen Zweigen markiert.

009 WENN JUNGS MIT MÄDCHEN SPIELEN (UND UMGEKEHRT)

Selbst bei den größten Sportstars hat es in der Kindheit Momente gegeben, bei denen nicht abzusehen war, welchen Erfolg sie einmal haben würden. Der Tennis-Spieler *Boris Becker* ist so ein Fall. Als 17-jähriges »Wunderkind« ging er in die Geschichte ein, hatte er doch in diesem Alter das legendäre Wimbledon-Turnier gewonnen. So jung wie er war noch kein Sieger zuvor.

Nur wenige Jahre vorher war sein Tennistrainer aber noch an Boris verzweifelt. Er wurde sogar zum Mädchentraining versetzt, weil er angeblich zu schwach war, um mit den Jungs auf einem Niveau zu spielen. Die vermeintliche Strafversetzung schien ihn erst recht zu motivieren. Vielleicht lag es aber auch an den starken Trainingspartnerinnen. Eine von ihnen hieß *Steffi Graf*, war noch zwei Jahre jünger als er und sollte später – genau wie Boris Becker – ebenfalls mit zahlreichen Turniersiegen deutsche Sportgeschichte schreiben. Beide gehören zweifellos zu den besten Tennisspielern aller Zeiten.

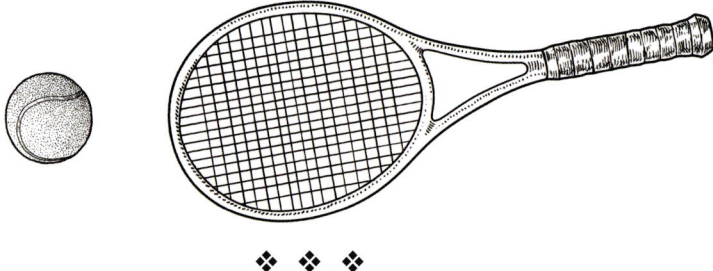

❖ ❖ ❖

010 DIE ERSTE TENNISPROFISPIELERIN

Tennis ist eine Sportart mit sehr, sehr langer Geschichte. Erfunden wurde das Spiel im 13. Jahrhundert in Nordfrankreich. Anfangs gab es noch keine speziellen Tennisplätze, sondern man spielte in Innenhöfen von Klöstern und dergleichen. Schon vor knapp 700 Jahren wurde *Margot aus Hennegau* (das ist eine Provinz im heutigen Belgien) die erste bezahlte Tennisspielerin der Geschichte: Im Jahr 1422 holte Philipp der Gute, Herzog von Burgund und selbst ein leidenschaftlicher Spieler, die talentierte 20-jährige Sportlerin an seinen Hof, wo sie fortan gegen Bezahlung Tennis spielen sollte. Mit viel Geld kehrte Margot später in den Hennegau zurück. Sie spielte dann auch in Flandern und Brabant, zwei weiteren belgischen Provinzen, bevor sie als Nonne in ein Kloster bei Namur ging, wo sie natürlich weiterhin Tennis lehrte. Das Spiel hieß damals übrigens noch nicht Tennis, sondern zumeist »*Jeu de Paume*«, was so viel heißt wie »Spiel mit der Handinnenfläche«. Denn zu Margots Zeiten wurde der Ball tatsächlich noch mit der Hand gespielt. Die ältesten Spielberichte, in denen auch von Schlägern die Rede ist, stammen aus dem Jahr 1495.

011 WIE GEHT EIGENTLICH EIN BUNNY HOP

Zu den Tricks, die man mit einem Fahrrad draufhaben sollte, zählt auf jeden Fall der *Bunny Hop*. Vor allem beim BMX-Fahren beruhen viele andere Tricks auf dem »Hasensprung«, denn damit kannst du über alle möglichen Dinge hinweghopsen oder mit deinem Rad flugs auf eine höhere oder tiefere Ebene wechseln. Wenn du den Bunny Hop beherrschst, bringt dir das übrigens auch mehr Sicherheit im Straßenverkehr – zum Beispiel, wenn unvermittelt eine Bordsteinkante vor dir auftaucht.

Die Kunst ist, erst das Vorderrad hochzuziehen und dann mit dem Hinterrad abzuspringen. Eine Gewichtsverlagerung macht's möglich. Hier erfährst du, wie du den Bunny Hop richtig hinbekommst. Am einfachsten geht das mit einem BMX-Rad, es klappt aber auch mit anderen Fahrrädern.

Anfahren
Achte auf eine sichere und einfache Strecke, die du mit mittlerer Geschwindigkeit anfährst. Wenn du genug Tempo hast, sollten die Kurbeln waagerecht sein – in die Pedale treten brauchst du jetzt nicht mehr.

Das Hochziehen des Vorderrads
Nun gehst du ein wenig in die Knie und beugst auch deine Arme nach unten. Anschließend ziehst du am Lenker, so dass das Vorderrad leicht abhebt. 10 bis 20 cm reichen. Die Pedale deines Rads bleiben weiterhin in waagerechter Position.

Das Hochziehen des Hinterrads
Wenn das Vorderrad den höchsten Punkt erreicht hat, drückst du mit den Füßen auf die Pedale, um damit das Hinterrad nach oben zu ziehen. Dein vorderer Fuß sollte etwas nach oben geneigt sein, der hintere Fuß zeigt etwas nach unten. So kannst du prima den Druck ausüben, der notwendig ist, um das Hinterrad an deinen Hintern zu ziehen – etwa auf die Höhe des Vorderrads. Nun musst du nur noch an die Landung denken, bei der du Knie und Arme zum Abfedern einsetzt.

Noch ein Tipp
Wenn du den Bunny Hop sicher beherrschst, kannst du anfangen, dir kleinere Objekte zum Drüber-hinweg-Springen auszusuchen. Ziemlich ungefährlich und damit sehr gut zum Üben sind Kartons.

012 **MIT SOCKEN JONGLIEREN**

 Du würdest gerne jonglieren, dir fehlen aber passende Bälle, die nicht wie Tennis- oder Gummibälle wild durch die Gegend springen, wenn sie mal runterfallen? Kein Problem. Mach dir doch einfach Jonglierbälle aus alten Socken, die nicht mehr gebraucht werden. Du nimmst beispielsweise kleine Kinder- oder Babysocken, füllst sie mit Reis, Dinkel, Kirschkernen oder Mais und nähst das obere Ende zu. Eine andere Möglichkeit besteht darin, zwei Socken ineinanderzustecken. Dann hältst du mit der einen Hand den Sockenbund fest und drückst mit der anderen Hand nach unten, so dass unten eine Kugel entsteht. Nun stülpst du die obere Sockenhälfte noch einmal über die Kugel. Fertig!

013 *Jongliertipps*

1) Nimm zunächst einmal nur zwei Sockenbälle, in jede Hand einen. Deine Hände hältst du ungefähr auf Bauchnabelhöhe. Wirf dann einen Ball parallel zum Körper nach oben, und zwar diagonal Richtung Auge (also z. B. mit der linken Hand Richtung rechtes Auge). Der Ball soll mit der anderen Hand gefangen werden. Ein häufiger Fehler ist, die Bälle nach vorne zu werfen. Das solltest du also vermeiden. Achte auch darauf, dass du zum Fangen nicht nach oben greifst, sondern nach Möglichkeit wartest, bis der Ball in der geöffneten Hand landet – hin und wieder wirst du sie dafür natürlich etwas nach links oder rechts bewegen müssen.

2) In dem Augenblick, in dem der erste Ball den höchsten Punkt seiner Flugkurve erreicht hat, wirfst du den zweiten Ball. Die Bälle fängst du entsprechend zeitversetzt und wirfst sie wieder im selben Rhythmus.
Du musst wahrscheinlich ein bisschen ausprobieren, wie hoch du die Bälle am besten werfen solltest. Je höher du wirfst, desto mehr Zeit hast du bis zum nächsten Ball und bis zum Fangen. Aber natürlich ist auch das Risiko größer, dass der Ball nicht dort landet, wo er landen soll. Ungefähr auf Augenhöhe oder etwas darüber ist meist ein guter Anhaltspunkt für den höchsten Punkt der Flugkurve.

3) Probiere das Ganze so lange, bis du es gut beherrschst. Dann kannst du einen dritten Sockenball hinzunehmen. Dafür nimmst du zwei Bälle in eine Hand, den dritten Ball in die andere. Du startest mit einem Ball aus der Hand, in der du zwei Bälle hast. Wenn der Ball den höchsten Punkt erreicht hat, wirfst du den Ball aus der anderen Hand (und fängst den ersten Ball). Wenn der zweite Ball am höchsten Punkt ist, folgt der dritte Ball. Es geht immer abwechselnd: rechts-links-rechts und so weiter.

Das Beste: Jonglieren hilft dir sogar bei Mathe, Französisch oder Chemie! Forscher der Uni Regensburg wollen nämlich herausgefunden haben, dass sich beim regelmäßigen Jonglieren neue Gehirnzellen bilden und dass das Gehirnvolumen zunimmt.

014 MIT ZWÖLF IN DER CHAMPIONS LEAGUE

Stell dir vor, du bist zwölf Jahre alt und hörst die Champions-League-Hymne. Allerdings sitzt du dabei nicht gemütlich auf dem Sofa vor dem Fernseher. Nein, du stehst als Spieler in einer Halle und es bleiben nur wenige Minuten bis zu deinem ersten Einsatz.

Ein Traum, der ungefähr so realistisch ist wie ein Abstieg von Bayern München in die 2. Liga? Mitnichten. Die beiden zwölfjährigen Tischtennisspieler *Petr Hodina* und *Julian Rzihauschek* aus Österreich standen im Jahr 2020 für ihren Verein SPG Walter Wels beim Finalturnier der Tischtennis-Champions-League an der Platte.

Dabei war ihr Einsatz gar nicht eingeplant. Aufgrund der Corona-Pandemie kam es beim Tischtennis wie in anderen Sportarten auch zu einem Finalturnier, für das sich europäische Top-Teams qualifiziert hatten. Bei der SPG Walter Wels trug es sich nun so zu, dass die erste Mannschaft aufgrund eines nachgewiesenen Corona-Falls im Dezember 2020 nicht zum Austragungsort Düsseldorf reisen durfte. Daraufhin nominierte der Club kurzerhand die beiden zwölf Jahre alten Nachwuchstalente und einen Spieler der zweiten Mannschaft. Ein Nichtantritt war keine Option: In dem Fall hätte ein Ausschluss von allen europäischen Wettbewerben im darauffolgenden Jahr gedroht.

Julian Rzihauschek, der sonst in der 2. Liga spielt, gelang bei seinen Auftritten sogar ein sensationeller Spielgewinn: In der Begegnung mit der dänischen Mannschaft aus Roskilde konnte er eine Partie mit 3:2 für sich entscheiden. Dass er überhaupt mitwirken konnte, verdankt er seinem Rektor, der ihm schulfrei gab. Immerhin hatte Julian anschließend viel zu lesen. »Ich habe noch nie so viele Nachrichten auf mein Handy bekommen. Das waren mehr als hundert«, erklärte der Zwölfjährige später.

015 ALLEINE BOXEN ÜBEN

Wer alleine ist und dennoch gerne etwas boxen möchte, kann sich mit einem *Doppelendball* fithalten und Boxschläge üben. Das ist ein Ball, der deinen Gegner in einem Trainings-Boxkampf simuliert: Er ist ständig ein wenig in Bewegung (als Reaktion auf deine Schläge), kehrt aber dankenswerterweise auch immer wieder in seine Ausgangsposition zurück und bleibt stets in Reichweite. Das Schöne ist, dass du dir dieses Trainingsgerät auch ganz einfach selbst zusammenbauen kannst. Dafür brauchst du einen möglichst leichten Ball (z. B. einen Gummifußball oder einen ausrangierten Volleyball), ein Bein einer Damenstrumpfhose, eine mit Wasser gefüllte PET-Flasche sowie zwei Spanngurte mit Befestigungshaken an beiden Enden.

Zunächst stopfst du den Ball in das Strumpfhosenbein, ungefähr bis zur Mitte, so dass er richtig fest sitzt, und machst einen Knoten in das offene Ende der Strumpfhose. An beide Enden kommt dann jeweils einer der beiden Spanngurte. Den einen Spanngurt legst du zunächst einmal stramm um die Plastikflasche herum und hakst ihn bei sich selbst ein, bevor du den anderen Haken an einem Ende der Strumpfhose befestigst. Der zweite Spanngurt kommt dann an das andere Ende der Strumpfhose. Er dient dazu, den Doppelendball an einem Baum, der Latte eines Tores, einer Schaukel oder dergleichen aufzuhängen. Achte darauf, dass der Ball in einer guten Schlaghöhe hängt. Das Gewicht der gefüllten Flasche zieht die Ballkonstruktion nach unten und sorgt so dafür, dass dein Sparringpartner immer wieder an seinen Platz zurückkehrt und du ihm wieder eine verpassen kannst.

016 RECYCLING MACHT SPASS

Ein Fahrradschlauch, aus dem allzu oft die Luft entwichen ist, landet ja schnell im Müll. Wie schön, wenn es Alternativen zum Wegwerfen gibt. Für dieses Spiel brauchst du einen aufgepumpten Fahrradschlauch (es kann gerne einer mit ein paar Flicken sein) und ein paar Mitspieler. Die Gruppe bestimmt zunächst einen Werfer. Anschließend stellt ihr euch in einer Entfernung von etwa drei Metern vom Werfer auf und haltet dabei einen Abstand von etwa einem Meter ein. Jede Position hat einen bestimmten Punktewert, wobei die am weitesten entfernten Mitspieler auch die höchste Punktzahl aufweisen. Diejenigen, die sich in geringerer Entfernung zum Werfer aufhalten, haben entsprechend einen niedrigeren Punktewert. Der Werfer muss nun versuchen, den Fahrradschlauch so über den Kopf eines Mitspielers zu werfen, dass der Schlauch hinunterrutscht und zu Boden fällt. Insgesamt hat der Werfer drei Versuche, bevor der nächste Spieler an der Reihe ist, dessen Platz er einnimmt. Gewonnen hat der Spieler, der am Ende die meisten Punkte hat.

Ein Tipp: Solltet ihr nicht genug Spieler zusammenbekommen, kannst du auch einfach Gegenstände wie Kisten oder Stangen als Ziel nehmen.

017 **TORROLLBALL**

Beim *Torrollball* stehen sich zwei Mannschaften gegenüber, die einen möglichst schweren Ball fortbewegen – und zwar rollend, wie der Spielname es ja auch nahelegt.

Ziel ist es, den Ball über die gegnerische Grundlinie zu rollen. Vor der Grundlinie kann ein Torraum (ca. 1,5 m) abgegrenzt werden. Der Ball darf mit einer oder beiden Händen gerollt werden, um ihn nach vorne zu bewegen oder zu einem Mitspieler zu passen, er darf aber nicht angehoben werden. Falls das doch passiert, bekommt der Gegner einen Freiroller von der betreffenden Stelle aus.

Vor Spielbeginn wird festgelegt, wie viele Spieler sich maximal im Torraum aufhalten dürfen. Es gibt keinen festen Torwart. Der Ball darf mit der Hand einem Gegner abgenommen werden. Rempeln, Stoßen oder Treten sind als Fouls zu werten.

Eine Variante
Bei der Variante »Stockball« wird der Ball
mit Gegenständen (Stäben, Stöcken etc.) geführt.

018 **MOTIVATIONSHILFE**

»In meiner Laufbahn habe ich mehr als 9.000 Würfe verschossen. Ich habe fast 300 Spiele verloren. 26 Mal war ich derjenige, der das Spiel gewinnen konnte, und ich habe daneben geworfen. Ich bin immer und immer wieder gescheitert. Und genau deshalb bin ich erfolgreich.«

—

Michael Jordan, Basketball-Legende

019 AUF ZUR WATTOLÜMPIADE!

Du warst schon einmal bei einem Bundesligaspiel im Stadion? Du hast an einer Straße in Frankreich gestanden, um eine Etappe der Tour de France zu verfolgen? Du hast Tennisprofis auf dem heiligen Rasen in Wimbledon spielen gesehen? Du warst als Zuschauer bei den Olympischen Winterspielen?

Herzlichen Glückwunsch! Aber warst du auch schon mal in Brunsbüttel? Dort findet nämlich regelmäßig die *Wattolümpiade* statt. Das schreibt man tatsächlich so. Bei diesem schmutzigen Sportspektakel gibt es Sportarten wie Wattfußball, Watthandball, Wolliball oder Schlickschlittenrennen. Dabei steht natürlich nicht das Gewinnen im Vordergrund, sondern der Spaß am Schmutzigmachen unter Wettkampfbedingungen.

❖ ❖ ❖

020 FANGEN IM TEAM: BARLAUF

Barlauf ist ein altes Mannschaftsspiel, das im 19. Jahrhundert und zu Beginn des 20. Jahrhunderts vor allem in Turngruppen beliebt war. Ursprünglich stammt das Spiel sogar aus dem 16. Jahrhundert.

Gespielt wird in zwei Mannschaften auf einem rechteckigen Feld. Die beiden Teams stehen sich an den kürzeren Grundlinien gegenüber. Die längeren Linien sind die Seitenlinien und dürfen später nicht übertreten werden.

Die Größe des Feldes hängt von der Zahl der Mitspieler ab. Bei 20 und mehr Spielern ist das Feld 25 bis 30 Meter lang und 20 bis 25 Meter breit. Bei insgesamt 10 Spielern empfiehlt sich ein kleineres Feld von vielleicht 15 x 10 Metern. Eine andere Möglichkeit, die Länge der Grundlinie zu bestimmen, geht so: Die Spieler einer Mannschaft stellen sich nebeneinander auf und halten sich mit ausgestreckten Armen an den Händen. Wichtig ist, dass die Spielfeldgrenzen gut erkennbar sind, z. B. indem ihr sie mit Stöcken oder Jacken markiert.

Das Spiel ist für Rasen und Sand geeignet. Es kann – je nach Anzahl der Mitspieler – hilfreich sein, wenn ihr einen oder mehrere Schiedsrichter benennt. Sie sollen den Überblick darüber behalten, welcher Läufer wann das Feld betreten hat. Ansonsten: Fair geht vor!

Ziel des Spiels ist es, eine im Vorfeld festgelegte Punktzahl zu erreichen. Die genauen Punktregeln könnt ihr selber bestimmen. Generell kann jede Mannschaft für drei Aktionen Punkte sammeln. Erstens: einen Spieler der anderen Mannschaft durch Abschlagen gefangen nehmen. Zweitens: einen eigenen Mitspieler befreien. Und drittens: mit einem sogenannten »Durchlauf«. Alternativ könnt ihr auch so lange spielen, bis es einer Mannschaft gelungen ist, alle Spieler des Gegners gefangen zu nehmen.

Nach jeder erfolgreichen Aktion wird das Spiel unterbrochen. Alle Spieler, die nicht gefangen genommen wurden, kehren zu ihrer Grundlinie zurück. Es zählt immer nur eine Aktion, auch wenn mehrere Fang- oder Befreiungsaktionen scheinbar zeitgleich stattgefunden haben. In engen Fällen entscheidet der Schiedsrichter, welche Aktion gewertet wird. Aber ihr kriegt das bestimmt auch ohne Unparteiischen hin. Wenn ihr euch mal gar nicht einigen könnt, müsst ihr halt Schnick-Schnack-Schnuck spielen.

Es gibt beim Barlauf zwei entscheidende Regeln: 1) Du darfst nur die gegnerischen Spieler abschlagen, die bereits *vor* dir auf dem Spielfeld waren. 2) Jeder Spieler darf das Feld jederzeit über die eigene Grundlinie betreten und wieder verlassen.

Das Spiel beginnt, indem eine Mannschaft einen oder mehrere ihrer Spieler zum »Locken« ins Feld schickt. Diese Spieler haben jeweils kein Schlagrecht (da ja niemand vor ihnen das Spielfeld betreten hat). Abgeschlagen werden darf generell nur auf dem Spielfeld. Spieler, die das Feld wieder verlassen und hinter ihre eigene Startlinie zurückkehren, verlieren das Schlagrecht. Wenn sie das Spielfeld wieder betreten, haben sie dann aber erneut die Chance, einen Gegner zu fangen. Wer das Spielfeld seitlich verlässt – also nicht über die eigene Grundlinie – gilt automatisch als gefangen.

Der erste gefangen genommene Spieler muss sich auf der gegnerischen Seite so an den linken seitlichen Spielfeldrand stellen oder legen, dass er mit den Füßen die Grundlinie berührt. Weitere Gefangene legen oder stellen sich zu ihm, so dass sich ihre Füße oder Hände berühren.

Wenn ein Spieler mit Schlagrecht zu den Gefangenen seiner Mannschaft durchkommt, kann er diese befreien: Dafür genügt es, wenn er den ersten abgeschlagenen Mitspieler an der Seitenlinie berührt. Für jeden befreiten Spieler gibt es Punkte.

Eine weitere Möglichkeit, Punkte zu erzielen, ist ein Durchlauf. Das heißt, ein Spieler mit Schlagrecht erreicht und überquert die gegnerische Grundlinie, ohne dass er im Spielfeld berührt wurde. Dafür gibt es ebenfalls Punkte – zudem sind alle Gefangenen beider Mannschaften in diesem Augenblick wieder frei.

Im Spiel beginnt immer die Mannschaft mit dem Locken, die den letzten Punktgewinn gemacht hat.

Tipps

Beim Locken geht es darum, einen Fangversuch des Gegners zu provozieren, um so den eigenen Mitspielern die Chance zu eröffnen, einen Verfolger abzuschlagen.

Es ist nicht von Nachteil, die Gefangenen zu bewachen. Dafür bewegt sich einer der Spieler in der Nähe des Gefangenen oder der Gefangenenkette und kann sich durch rasches Übertreten der eigenen Grundlinie das Fangrecht sichern und jemanden gefangen nehmen, der versucht, seine Mitspieler zu befreien.

Es kann sinnvoll sein, dass sich ein Mitspieler aus taktischen Gründen auf dem Feld fangen lässt. Da das Spiel dann ja stoppt, kann man damit einen Durchlauf oder eine Befreiungsaktion verhindern.

Variante: Fahne erobern

Die Barlauf-Grundregeln bleiben auch beim Fahnen-Barlauf bestehen. Zusätzlich müssen beide Mannschaften jedoch noch eine Fahne bewachen bzw. erobern.

021 ERFOLGSHUNGER

»Ich bin damals gegen Kinder Kart gefahren, die alles hatten, den Luxus eines komfortablen Motorhomes und die besten Karts. Und wir hatten eine Schrottkiste. Aber wir haben damit gewonnen. Mit dem gleichen Hunger kämpfe ich heute noch auf der Strecke.«

—

Formel-1-Weltmeister Lewis Hamilton erklärt in einem Interview, was ihm aus seiner Jugendzeit geblieben ist: ein ausgeprägter Erfolgshunger.

022 BAHNRENNEN AUF DEM PAUSENHOF

 Vielleicht hast du schon einmal ein Bahnrennen gesehen, bei dem tief über den Lenker gebeugte Rennradfahrer im rasanten Tempo auf einer schrägen Piste durch eine Halle oder ein Stadion rasen und ihre Runden drehen. Um etwas Bahnradsportluft zu schnuppern, brauchst du erfreulicherweise aber gar kein solches »Velodrom« (so werden diese offenen und überdachten Radrennbahnen in der Fachsprache genannt). Denn ein solches dürfte sich nur bei den wenigsten in der Nachbarschaft befinden.

Es reicht eine geräumige asphaltierte Fläche, z. B. ein Schulhof (ohne Pausenaufsicht, versteht sich) oder ein Supermarkt-Parkplatz am Sonntag. Eine ebene Rasenfläche ohne Löcher und Huckel tut's zur Not auch. Als Erstes steckt ihr einen kleinen Rundkurs ab, der wie die Bahn im Velodrom ungefähr die Form einer »0« hat. Und schon könnt ihr Einerverfolgung nach dem Vorbild der gleichnamigen Bahndisziplin spielen: Dabei starten zwei Fahrer mit ihren Rädern aus genau gegenüberliegender Position und absolvieren dann parallel eine vorher festgelegte Rundenzahl. Sieger ist, wer seinen Gegner einholt oder, falls das bis zum Ende der Distanz nicht möglich war, wer die bessere Zeit erzielt. Dafür braucht ihr zwei Zeitnehmer oder jemanden, der zwei verschiedene Uhren bedienen kann.

Vor allem wenn ihr mit schmalen Reifen, wie sie ein Rennrad hat, auf einer asphaltierten Fläche eure Runden drehen wollt, schaut euch den Untergrund vorher gut an: Liegen dort Sand oder kleine Steinchen, könnt ihr in den Kurven schnell wegrutschen. Also lieber vorher einmal kurz den Besen in die Hand nehmen. Und eine Rasenfläche eignet sich aus ähnlichen Gründen natürlich nur, wenn sie wirklich trocken ist.

Mit den breiteren (Stollen-)Reifen eines Mountainbikes passiert es nicht so schnell, dass man wegrutscht, und ihr könntet auch auf Schotterwegen fahren. Vielleicht gibt es bei euch in der Nähe ja eine passende Runde auf Park- oder Waldwegen, wo nicht viel los ist und ihr keinen anderen Radfahrern und keinen Spaziergängern oder ihren Hunden in die Quere kommt. Auf einer richtigen Radrennbahn ist eine Runde übrigens meist 200, 250 oder 333,33 Meter lang, also ein Fünftel-, Viertel- oder Drittel-Kilometer.

023 WIE GEHT EIGENTLICH... BALLWURF

Werfen sieht so einfach aus – und ist doch etwas komplizierter. Denn die Weite, die du bei den Bundesjugendspielen oder in der Sportprüfung mit einem 80- oder 200-Gramm-Ball erzielst, hängt von vielen Dingen ab, z. B. von Abfluggeschwindigkeit, Abflugwinkel und Abflughöhe. Wer sich schwer damit tut, sollte die Sache erst mal ganz entspannt mit dem sogenannten *Standwurf* ausprobieren. Dafür richtest du den Wurfarm zunächst nach vorne aus, nimmst ihn dann zurück und wirfst im nächsten Schritt den Ball, während du das Gewicht verlagerst.

Alternativ kannst du auch mit gezielten Übungen ein paar grundlegende Wurferfahrungen sammeln, die dir dann später helfen, den kompletten Bewegungsablauf beim Ballwurf perfekt hinzukriegen. Eine gute Übung besteht z. B. darin, einen Tennisball mit hochgestrecktem Arm kräftig auf den Boden zu werfen, so dass er nach oben springt. Versuche, den Ball wieder aufzufangen. Oder du machst einen *Prellwurf:* Du wirfst einen Tennisball so nach unten und vorne, dass er vom Boden an eine Wand springt. Du kannst auch einfach Ziele auf dem Boden markieren, z. B. einen Kreis, in den du den Ball wirfst und aus dem er dann rausspringt. Wenn ihr zu zweit seid, könnt ihr *Prellwurf-Tennis* spielen – eine wirklich kurzweilige Art, um das Werfen zu üben.

❖ ❖ ❖

024 SPORT IST NICHT IMMER GESUND

»Vier von fünf Zahnärzten empfehlen Eishockey.«
—
Werbung im US-Fernsehen

025 ABZÄHLREIME

Bei vielen Spielen sind es diese Fragen, die gleich am Anfang stehen: Wer spielt jetzt mit wem in einer Mannschaft? Wer darf beim Spiel beginnen? Abzählreime können dir helfen, den ersten Mannschaftskapitän oder den ersten Starter bei einem Wettbewerb zu finden.

Natürlich kannst du dir auch eigene Abzählreime ausdenken. Wenn du einen Wettbewerb draus machst, kannst du es später einmal als Poetry Slammer probieren.

A

Eene meene muh.
und raus bist du.
(Raus bist du noch lange nicht.
Sag mir erst, wie alt du bist.)

B

Eins zwei drei
Butter mit Brei
Salz mit Speck
und du bist weg.

C

Ein Elefant aus Sachsenhausen
ließ 'nen Furz ins Telefon sausen,
ließ ihn wieder raus
und du bist drauß'.

D

Eine kleine Mickymaus
ging ins Rathaus,
wollte sich was kaufen,
hatte sich verlaufen,
fand nicht mehr heraus
und du bist raus!

E

Eine kleine Dickmadam
fuhr mal mit der Eisenbahn.
Dickmadam, die lachte,
Eisenbahn, die krachte.
Eins, zwei, drei
und du bist frei!

F

Eins, zwei, drei, vier, fünf, sechs, sieben.
Sauerkraut und Rüben,
die haben mich vertrieben.
Hätt' meine Mutter Fleisch gekocht,
wär ich bei ihr geblieben.

G

Angsthase, Pfeffernase,
morgen kommt der Osterhase,
zieht dir deine Hose aus.
Übermorgen Nikolaus,
zieht sie wieder an
und du bist dran!

H

Es war einmal ein Männchen,
das kroch ins Kaffeekännchen,
da kroch es wieder raus
und du bist raus.

I

Hexenhaus und schwarzer Kater,
Fledermäuse als Berater,
Hexenmus und Zauberkuss,
du bist der, der suchen muss!

J

Peter Alexander,
Beine auseinander,
Beine wieder zu
und raus bist du.

026 ALTES BALLSPIEL: BURGBALL

Bei diesem klassischen Fußballspiel bilden mehrere Spieler einen Kreis und passen sich einen Ball zu. In der Mitte befindet sich ein Burgwächter, der auf einen aus drei Hölzern bzw. Stöcken gebildeten Dreifuß aufpasst. Er bewacht seine »Burg«, indem er den Ball mit Hand und Fuß abwehrt. Die Spieler im Kreis ihrerseits versuchen mit Pässen und Schüssen den Schatz zu treffen. Wer den Dreifuß zu Fall bringt, ist neuer Burgwächter.

027 *Die Handball-Variante*

Statt zu schießen, darf der Ball ausschließlich geworfen werden.
Der Burgwächter darf wie ein Handballtorwart den Ball
mit Hand und Fuß abwehren.

028 SPITZENSPORT UND HOBBYS

Es heißt ja oft, dass Profisportler während ihrer Laufbahn keine oder fast keine Zeit für Hobbys mehr haben. Umfangreiche Trainingspläne und regelmäßige Wettkampfeinsätze beanspruchen viel Zeit. Doch es gibt Ausnahmen. Der niederländische Radprofi *Jos van Emden* zum Beispiel beschäftigt sich schon seit seiner Kindheit mit der Vogelwelt. Mit einem Freund radelte er durch die Landschaft, um Greifvögel zu beobachten. Der praktische Nebeneffekt: Jos' Touren wurden mit der Zeit immer umfangreicher, ebenso wie seine Zuneigung zum Radsport.

Auch als Profi kann der Zeitfahrspezialist, der unter anderem das Eintagesrennen »Münsterland Giro« gewonnen hat, bei seinen Trainingsausfahrten immer wieder ein Auge auf tierische Flugbewegungen am Himmel werfen. Mit dem Radfahren konnte er übrigens auch eine weitere (nicht ganz gewöhnliche) Lieblingsbeschäftigung verbinden: Grenzsteine entlang der belgisch-niederländischen Grenze fotografieren.

029 ALTES RAUFSPIEL: REITERKAMPF

Zwei Spieler bilden bei diesem alten Kampfspiel ein Gespann. Mindestens zwei Gespanne treten gegeneinander ein. Ein Spieler ist Reiter, der andere ist das Pferd. Die Reiter sitzen auf den Schultern der Pferde und versuchen, sich gegenseitig zu Fall zu bringen.

030 WIE GEHT EIGENTLICH... INLINESKATING

 Inlineskating kann richtig viel Spaß bereiten, sofern man die Fahrtechnik beherrscht und nicht immer wieder auf der Nase oder dem Hintern landet. Diese Tipps sollen Einsteigern helfen, das Fahrvergnügen auf acht Rollen zu erhöhen. Achte in jedem Fall auf sichere Kleidung und schütze Kopf, Knie, Arme und Hände.

Die passende Umgebung

Schon klar, an die Autobahnraststätte hattest du jetzt nicht gedacht, um das erste Mal Inlineskates auszuprobieren. Doch es gibt noch zahlreiche andere Orte, die für das Skating nicht wirklich gut geeignet sind. Besser sieht es da hingegen mit gut asphaltierten verkehrsarmen Straßen, Parkplätzen oder Schulhöfen aus. Wer in der Nähe von Radschnellwegen lebt, kann hier ebenfalls die Inliner anziehen. Schlaglöcher und größere Steigungen solltest du aber meiden.

Keine Rücklage

Für einen sicheren Stand sollten deine Beine nicht zu weit auseinander stehen. Wie beim Skifahren sollten die Knie leicht gebeugt sein. Im Falle eines Sturzes kannst du dich dann besser nach vorne fallen lassen. Das oft gesehene Hilflos-mit-den-Armen-Rudern und Nach-hinten-Wegkippen lässt sich so vermeiden.

Das Anfahren

Damit die Sache langsam Fahrt aufnimmt, stellst du ein Bein etwas nach hinten und drückst dich vom Boden ab. Der vordere Schuh zeigt dabei in Fahrtrichtung. Dann verlagerst du nach dem Abdrücken das Gewicht auf den anderen Fuß. Hebe die Füße dabei nur leicht an.

Die Richtung ändern

Es gibt verschiedene Wege, um mit Inlinern Kurven zu fahren. Eine Möglichkeit ist die Gewichtsverlagerung auf einen Fuß. Wenn du eine Linkskurve fahren möchtest, schiebst du den linken Schuh vor den rechten und lehnst dich auf den linken Fuß. Für eine Rechtskurve machst du dasselbe mit dem rechten Bein. Geübtere Fahrer hingegen wenden das vom Eisschnelllauf bekannte »Übersetzen« an. Dabei setzt du immer wieder einen Fuß vor den anderen. Um eine Linkskurve zu fahren, verlagerst du den Körperschwerpunkt auf den linken Fuß und drehst den Oberkörper leicht nach links. Dann stößt du dich mit dem rechten Fuß ab, hebst ihn über den linken Schuh hinweg und setzt ihn vor diesem auf den Boden. Das Gewicht verlagert sich nun auf den rechten Fuß, während du den linken Schuh vor dem rechten übersetzt und so weiter.

Bremsen mit der Ferse

Viele Inlineskater nutzen die Fersenstopper, um zu bremsen. Dafür ziehst du die Spitze des vorderen Fußes hoch, bis du mit dem Fersenstopper den Asphalt berührst. Zugleich verlagerst du das Körpergewicht auf das hintere Bein.

031 SPIEL MIT KNALLEFFEKT: TEJO

 Das Spiel *Tejo* ist in Südamerika verbreitet und beinhaltet im wahrsten Sinne einiges an Sprengstoff. Bei diesem explosiven Zeitvertreib wird nämlich eine Scheibe aus Eisen in ein Feld geworfen, in dem mit Schwarzpulver gefüllte Taschen liegen. Wenn diese Papiertaschen getroffen werden, knallt es entsprechend. Kein Wunder, dass in Kolumbien, wo es an vielen Orten Tejo-Anlagen gibt, Sperrstunden gelten. Nach 23 Uhr darf hier nicht mehr Tejo gespielt werden.

Tejo erinnert ein wenig an Boule und Bowling und besitzt wirklich viel, viel Tradition. Der Vorläufer *Turmequé* wurde immerhin schon vor 500 Jahren von der indigenen Bevölkerung in den Bergen rund um Bogotá gespielt. Der Name Tejo stammt von dem wichtigsten Spielgerät: einer runden, zylinderförmigen Scheibe, mit der auf ein etwa 20 Meter entferntes Ziel geworfen wird. Diese Scheibe wiegt gut 1,5 kg und ist damit nicht gerade ein Leichtgewicht. Das traditionelle Zielfeld ist ein Lehmkasten. In diesem Kasten liegt ein Metallring, dem der Werfer so nahe wie möglich kommen muss. Am Rande dieses Ringes befinden sich die bereits erwähnten Schwarzpulvertaschen.

Für die Wurfleistungen gibt es verschiedene Punkte: Sollte keiner den Ring getroffen haben, erhält derjenige einen Punkt, der am nächsten dran war. Jeder Treffer einer der Schwarzpulvertaschen wird mit 3 Punkten belohnt. Wenn der Wurf im Zielring gelandet ist, erhält man dafür 6 Punkte. Der bestmögliche Wurf schafft es, im Ring zu landen und eine Tasche zum Knallen gebracht zu haben: Dafür gibt es 9 Punkte.

Die größte Herausforderung beim Tejo besteht darin, die Wurfdistanz von 20 Metern hinzubekommen. Für jüngere Spieler gibt es daher auch Tejo-Anlagen, bei denen die Zielfelder lediglich 13 Meter entfernt sind.

032 *Tejo für den Garten*

 Mit ein paar Knallerbsen, die vom Silvestertag übrig geblieben sind, kannst du deine eigene Tejo-Variante ausprobieren. Statt der Eisenscheibe nimmst du Boule-Kugeln. Als Zielfeld eignet sich ein Sandkasten (natürlich nur, wenn gerade kein Kind darin spielt) oder ein mit Stöcken oder dergleichen markiertes Stück Rasenfläche. Anstelle des Metallrings kannst du einen anderen geeigneten Gegenstand als Ziel verwenden.

033 BIERDECKEL DREHEN

Wenn von einer Gartenparty deiner Eltern ein paar Bierdeckel übrig bleiben oder einfach so herumliegen, kannst du damit ein nettes kleines Laufspiel auf die Beine stellen. Du benötigst dafür fünf bis zehn Bierdeckel pro Mitspieler. Wichtig: Die beiden Seiten der Bierdeckel müssen klar zu unterscheiden sein. Wenn das nicht der Fall ist, kannst du jeweils eine Seite mit einem Stift markieren.

Nun werden zwei Mannschaften gebildet. Beide bekommen eine Seite des Bierdeckels zugeteilt. Jedes Team verteilt nun seine Deckel auf der Spielfläche – mit der jeweils eigenen Seite nach oben. Nach dem Startsignal versuchen nun alle Mitspieler, die Bierdeckel der Gegner umzudrehen und damit die eigene Seite aufzudecken. Nach einer vorher festgelegten Zeit ist das Spiel zu Ende, und die Deckel jedes Teams werden gezählt. Das Team, dessen Bierdeckelseite am häufigsten zu sehen ist, gewinnt.

❖ ❖ ❖

034 KRICKET OHNE FESTE REGELN: KILIKITI

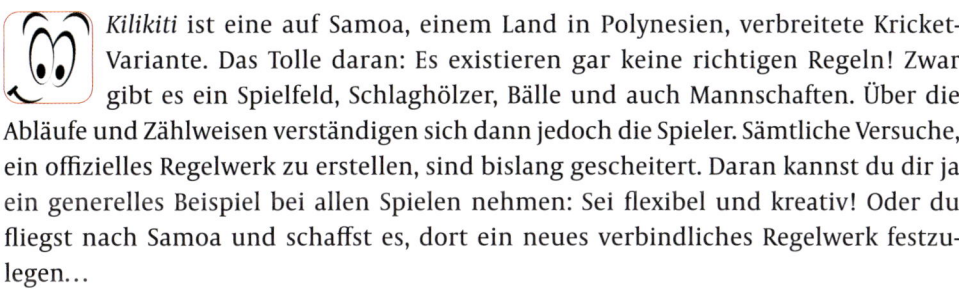

Kilikiti ist eine auf Samoa, einem Land in Polynesien, verbreitete Kricket-Variante. Das Tolle daran: Es existieren gar keine richtigen Regeln! Zwar gibt es ein Spielfeld, Schlaghölzer, Bälle und auch Mannschaften. Über die Abläufe und Zählweisen verständigen sich dann jedoch die Spieler. Sämtliche Versuche, ein offizielles Regelwerk zu erstellen, sind bislang gescheitert. Daran kannst du dir ja ein generelles Beispiel bei allen Spielen nehmen: Sei flexibel und kreativ! Oder du fliegst nach Samoa und schaffst es, dort ein neues verbindliches Regelwerk festzulegen…

❖ ❖ ❖

035 KOPF ODER ZAHL

»Wieso darf immer der beginnen?« Wer kennt sie nicht, diese Beschwerde. Für den Fall, dass ihr euch mal nicht einigen könnt, gibt es einfache Hilfsmittel. Besonders leicht ist es, eine Münze zu werfen. Du schaust dir vorher beide Seiten der Münze an und legst dann fest, welche Seite wofür steht. Ein Beispiel: Landet die Münze mit der Kopfseite oben, darf die »Kopf«-Mannschaft beginnen. Wichtig ist, dass allen Beteiligten vor dem Münzwurf die Bedeutung klar ist – sonst kann es sein, dass die Diskussionen darüber, wer beginnen darf, kein Ende finden.

036 WAS SKATEN UND SURFEN VERBINDET

Wusstest du, dass das Skateboarding eigentlich eine Erfindung von Surfern ist? In den 1950er Jahren überlegten sich ein paar Surfer, die an der kalifornischen Küste ins Wasser gingen, was sie bloß in der Zeit ohne brauchbaren Wellengang anstellen sollten. Also schraubten sie sich Rollen unter kleine Surfbretter und versuchten ihr Glück auf Gehwegen. Es klappte! Aus diesem Grund gingen bzw. rollten sie als »Asphaltsurfer« in die Geschichtsbücher ein.

Im Laufe der Jahre hat sich das Skateboard ziemlich verändert: etwa mit der nach oben gebogenen Form oder mit Rollen, die mehr Bodenhaftung haben. Erst durch diese technischen Verbesserungen sind Tricks wie der legendäre *Ollie* überhaupt möglich geworden. Einige Skater probierten ihre ersten Kunststücke in leeren, abgerundeten Swimmingpools aus – den Vorläufern der Halfpipes.

037 *Die Kurventechnik beim Skateboardfahren*

Um langgezogene Kurven zu fahren, musst du das Gewicht verlagern – auf die Fußspitzen oder die Fersen. Das Board sollte sich in die gewünschte Richtung neigen. Wenn du dein Körpergewicht auf die Zehenspitzen verlagerst, fährst du eine *Frontside*-Kurve mit dem Bauch in Fahrtrichtung. Wenn du die Fersen belastest, schaffst du eine *Backside*-Kurve in die andere Richtung. Das klingt übrigens deutlich einfacher, als es in der Praxis ist. Lass dich nicht entmutigen, wenn du mal auf die Nase fällst.

Daneben gibt es noch eine Technik namens *Kick Turn*, mit der du bei langsamem Tempo auch engere Kurven fahren kannst. Dabei verlagerst du dein Gewicht kurz auf den »Tail« (das hintere Ende des Brettes), so dass sich die »Nose« (der vordere Teil des Brettes) kurz vom Boden abhebt. Gleichzeitig drehst du durch eine Rotationsbewegung aus Hüfte und Oberkörper das Board zur Seite. Anschließend verlagerst du das Gewicht auf den Vorderfuß, so dass die vorderen Rollen den Boden wieder berühren.

Übrigens: Auch beim Surfen dreht sich alles um die Balance. Surfer, die ihr Brett an einer Wellenwand drehen wollen, sollten deshalb in Surfrichtung schauen und ihre Arme in diese Richtung ausrichten. Dann verlagern sie das Gewicht aufs hintere Bein, um die Drehung hinzubekommen.

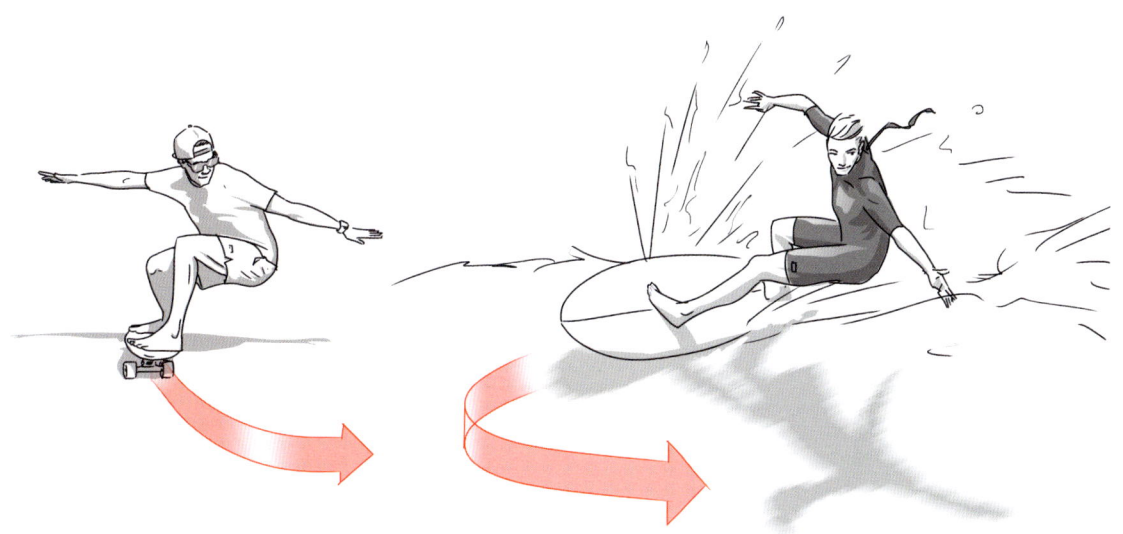

❖ ❖ ❖

038 **FAHRRAD-SLALOM**

 Für einen Slalom-Hindernis-Parcours brauchst du verschiedene Gegenstände wie z. B. Dosen oder Plastikflaschen – oder du nutzt einfach die Gegebenheiten der Landschaft, seien es Hügel, Tore oder Büsche. Du solltest aber nichts als »Slalomstange« verwenden, was sich in Vorder- und Hinterrad verfangen kann. Zunächst fährt jeder einmal testweise die Strecke ab. Wenn ihr eine Stoppuhr habt, könnt ihr die Zeit nehmen. Die meisten Smartphones haben übrigens eine Stoppuhr-Funktion. Bei Fehlern – wenn ein Hindernis berührt wird oder umkippt bzw. der Starter mit dem Fuß auf den Boden kommt – gibt es Strafsekunden. Wer Zeit und Lust hat, kann auch selbstgebaute Hindernisse einbauen, etwa eine Wippe, die vorsichtig zu überqueren ist. Wenn euch keine Uhr zur Verfügung steht, könnt ihr den Parcours abfahren und nur die Fehler bewerten.

039 VON BERLIN IN DIE NFL

 Vielleicht kennst du den ehemaligen American-Football-Spieler *Björn Werner*, der nach Beendigung seiner aktiven Karriere inzwischen als TV-Experte auftritt.

Björn Werner ist in Berlin groß geworden, wo er zunächst leidenschaftlich dem Fußball nachjagte. Bei den Spielen in der E-Jugend fiel er Zuschauern insbesondere dadurch auf, dass er doppelt so groß und breit war wie seine Mitspieler. Er schoss reichlich Tore und liebte Zweikämpfe. Doch eines Tages verletzte er sich auf dem Spielplatz bei einem Stunt an der Rutsche. Mit dem Fußballsport war es erst mal vorbei. Im Sportunterricht packte eines Tages der Lehrer einen ovalen Ball aus und ließ *Flag Football* spielen – American Football ohne Zweikämpfe. Um Gegner aus dem Spiel zu nehmen, durfte man sie nicht umgrätschen, sondern musste stattdessen Stoffstreifen wegziehen, die sie auf Hüfthöhe trugen.

Björn Werner hatte von dem Sport noch nie gehört. Weder von Football noch von dem Ding mit den Fahnen. Der Lehrer war aber sehr angetan von seinen Leistungen und lud den talentierten Jungen in die Football-AG ein. Der Grundstein für eine erfolgreiche Laufbahn war gelegt. Björn Werner landete wenig später in einem American-Football-Verein, bei den Berliner Adlern, bevor er als Profi später sogar nach Amerika in die National Football League (NFL) wechselte, wo traditionell die besten Spieler der Welt zu Hause sind. Die Flag-Variante, von vielen belächelt, empfiehlt er Einsteigern als gute Schule, um klassische Abläufe des Spiels zu erlernen.

040 *Flag Football*

Bei dieser American-Football-Variante stehen fünf Spieler pro Team auf dem Platz. Ziel ist es, den eiförmigen Ball in die gegnerische Endzone zu tragen – entweder mit Pässen oder Läufen. Eine besondere Ausrüstung ist nicht erforderlich, da kein Körperkontakt erlaubt ist. Die Spieler tragen Flaggen am Gürtel. Durch das Abreißen der Flagge des Ballführenden wird ein Spielzug unterbrochen. Immer ein Team besitzt das Angriffsrecht und hat eine bestimmte Zahl an Versuchen, um den Ball in die Gegnerzone zu bringen. Für einen erfolgreichen Versuch – einen *Touchdown* – gibt es 6 Punkte. Das Angriffsrecht wechselt danach. Um einen Angriff zu stoppen, kann das verteidigende Team entweder den Ball abfangen oder dem Ballführenden die Flagge entreißen – daher rührt auch der Name dieser American-Football-Variante.

Flag Football kannst du hervorragend in einem Park spielen – die Spielfeldgröße hängt von der Zahl der Mitspieler ab. Wichtig ist, dass die beiden Grundlinien markiert und erkennbar sind. Spezielle Flaggen-Gürtel gibt es in Fachläden zu kaufen. Du kannst aber einfach auch passende Tücher oder Stoffreste nehmen, die sich in die Sporthose stopfen oder durch Gürtelschnallen ziehen lassen.

041 TURNIERPLANER: MATHE MAL SINNVOLL

Ein schöner Tag. Die Sonne scheint, die Seele lacht. Du bist mit vielen Freunden draußen an der frischen Luft. Ihr seid sogar so viele, dass ihr mehrere Mannschaften für ein kleines Turnier bilden könnt. Ganz gleich, ob ihr nun Fußball, Basketball oder eine andere Teamsportart spielen möchtet – eine Frage wird unweigerlich auftauchen: Wie könnt ihr nun am besten einen Turnierplan aufstellen?

Am einfachsten ist der »Jeder gegen jeden«-Modus (siehe unten). Angenommen, du hast sechs Mannschaften, dann kannst du auf zwei Arten ausrechnen, wie viele Spiele ausgetragen werden müssen.

Der erste Weg: Bei sechs Mannschaften sind theoretisch immer drei Spiele parallel möglich. Da jedes Team fünfmal antreten muss (gegen sich selbst kann es ja nicht spielen), rechnest du »5 mal 3« und kommst auf die Gesamtzahl von 15 Spielen.

Der zweite Weg: Wenn du alle möglichen Paarungen nimmst, kommst du auf 36 Spiele (6 x 6). Da eine Mannschaft ja nicht gegen sich selbst spielt, ziehst du sechs davon ab, also bleiben 30 Spiele. Nun sind bisher aber jeweils beide Paarungen (Team A gegen Team B / Team B gegen Team A) eingerechnet, also Hin- und Rückspiel, weshalb du die Spielanzahl noch mal halbieren kannst: »30 geteilt durch 2« ergibt ebenfalls 15 Spiele.

042 *Ausgerechnet: Jeder gegen jeden*

Vorteil: Das fairste aller denkbaren Modelle, da jeder gegen jeden antritt. Nachteil: Je nach Anzahl der Beteiligten kann ein Turnier schon mal sehr lange dauern. Und vielleicht ist hinterher frühzeitig die Spannung raus, da ein Team schnell einen so großen Vorsprung hat, dass es nicht mehr eingeholt werden kann.

Um eine Auswertung eines Jeder-gegen-jeden-Turniers hinzubekommen, brauchst du keine App und kein Computerprogramm, sondern nur Zettel und Stift. Angenommen, du hast acht Mannschaften. Als Erstes ordnest du jedem Team einen Buchstaben zu, in diesem Fall von A bis H. Dann zeichnest du eine sogenannte »Kreuztabelle« aus acht Zeilen und acht Spalten (also 8 x 8 = 64 Kästchen).

Die Zeilen und Spalten benennst du jeweils von oben nach unten bzw. links nach rechts mit den Buchstaben A bis H. Jetzt musst du noch die Felder der Diagonale von links oben nach rechts unten schwärzen (da ein Team ja nicht gegen sich selbst antritt).

So ist jeder Mannschaft in der Kreuztabelle eine Zeile zugeordnet, in der die Ergebnisse aus ihrer Sicht eingetragen werden. Das heißt, dass du nach jedem absolvierten Spiel das Ergebnis in zwei

	A	B	C	D	E	F	G	H	Punkte
A		2:1			2:0				IIII
B	1:2								
C				1:1					I
D			1:1						I
E	0:2						2:0		III
F								1:2	
G			0:2						
H						2:1			III

Kästchen schreiben musst – jeweils einmal aus Sicht jedes der beiden Teams, die gegeneinander gespielt haben.

Wenn nun im Verlauf des Turniers die verschiedenen Spiele ausgetragen werden, füllt sich allmählich die Kreuztabelle. Du kannst immer sehen, welche Partien bereits stattgefunden haben und welche noch ausstehen. Neben der Tabelle kannst du dann in jeder Zeile auch nach und nach die Punkte addieren, die das jeweilige Team eingefahren hat (z. B. 3 Punkte für einen Sieg und 1 Punkt für ein Unentschieden), und eventuell auch das Torverhältnis (z. B. 24:20) bzw. die Tordifferenz (in diesem Beispiel + 4).

Ihr könnt natürlich alle Spiele in beliebiger Reihenfolge durchführen, aber schöner ist es vielleicht, wenn es einen festen Spielplan gibt wie in der Fußball-Bundesliga, so dass alle Mannschaften gleichmäßig an der Reihe sind.

043 EIN SPIELPLAN WIE IN DER BUNDESLIGA

Du willst ein großes Turnier veranstalten? Oder vielleicht willst du sogar eine ganze Saison organisieren, bei der verschiedene Mannschaften sich im Verlauf mehrerer Wochen oder Monate miteinander messen und jeder mal gegen jeden antritt. Dann brauchst du natürlich einen richtigen Spielplan.

So viele Spiele zu planen, ohne ein Match zu vergessen oder Mannschaften doppelt einzuplanen, scheint richtig kompliziert zu sein. Ist es aber gar nicht: Eigentlich brauchst du nur eine Kette mit ebenso vielen Perlen, wie es Mannschaften gibt.

Zunächst ordnest du jeder der Perlen ein Team zu, indem du sie entsprechend beschriftest oder z. B. mit einem Buchstaben-Aufkleber versiehst. Nun legst du die Kette nach dem Vorbild unten so hin, dass sich jeweils zwei Perlen gegenüberliegen. Die Perlen-Paare, die sich ergeben, sind die Partien des ersten Spieltags. Im nächsten Schritt musst du die Kette nun einfach so im Uhrzeigersinn weiterdrehen, dass jede Perle der jeweils nächsten Perle gegenüberliegt. Und schon hättest du den zweiten Spieltag – und genauso geht's weiter, bis alle Spieltage durchgeplant sind.

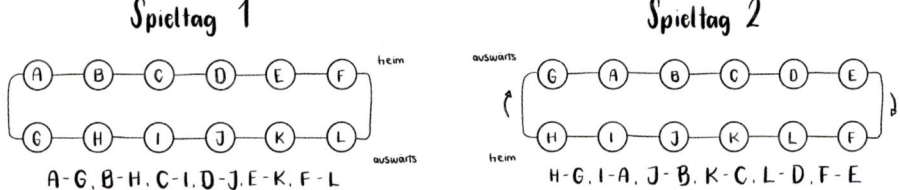

Wenn ihr mit Hin- und Rückspiel spielen wollt, würde jede Team-Perle zwei komplette Umdrehungen machen, bis die Saison fertig geplant ist. Das Heimrecht hätten dann abwechselnd die Mannschaften in der oberen und in der unteren Reihe.

Das System funktioniert auch bei einer ungeraden Zahl von Mannschaften. Dann legst und bewegst du die Kette immer so, dass sich jeweils ein Kettenglied (ohne ein Gegenüber) an der Seite befindet. Dies wäre dann die Mannschaft, die spielfrei hat.

044 LOB DES STRASSENFUSSBALLS

»Anfangs lernte ich den Fußball auf der Straße, im Castellana-Viertel, was es mir erlaubte, selbst Dinge zu erfinden und mir Aktionen auszudenken… Mit den Freunden zusammen sein, nur mit einem Ball und ohne Regeln, mit der Freiheit, uns so auszudrücken, wie wir wollten. Das war unser Leben. Danach machte ich den Schritt zu den Profis, wo die Freiheit nur auf den letzten 30 Metern existierte.«
—
Zinédine Zidane

045 BASKETBALL: ONE ON ONE

Für den *Streetball*-Klassiker schlechthin braucht es nur zwei Spieler, einen Korb und einen Basketball. Im »Eins gegen eins« geht es nun darum, mehr Punkte als dein Kontrahent zu machen. Wenn du keinen Basketballkorb im Garten hast, kannst du einfach ein anderes Ziel nutzen, z. B. eine Tonne oder einen Karton (siehe auch Seite 158).

046 WIE GEHT EIGENTLICH...
DER AUFSCHLAG BEIM TISCHTENNIS

Der Tischtennis-Aufschlag ist ein wichtiger Schlag, weil er dich gut ins Spiel bringen und den Gegner gleich unter Druck setzen kann. Du bestimmst Tempo, Rotation und Platzierung des Balles.

Es gibt zahlreiche verschiedene Aufschlagvarianten. Mit den folgenden Tipps sollten auch Anfänger an der Tischtennisplatte eine gute Figur abgeben.

Der Treffpunkt
Achte darauf, wo du den Ball triffst. Probiere, den Ball möglichst in der Nähe des Tisches zu spielen – nur wenige Zentimeter über der Tischkante. Gut ist es, den Ball nah am Körper zu haben.

Die Platzierung
Für lange oder kurze Aufschläge ist der erste Kontakt auf deiner Tischtennisplatten-Hälfte entscheidend. Für einen langen Aufschlag sollte der Ball möglichst nahe an deiner Grundlinie aufkommen. Für einen kurzen Aufschlag visierst du indessen die Mitte deiner Platten-Hälfte als ersten Aufschlagpunkt an.

Das Anschneiden
Ob Oberschnitt, Unterschnitt oder Seitschnitt: Beim Tischtennis wird gerne »geschnibbelt«. Beim Aufschlag kommt es auf dein Handgelenk an. Halte den Schläger so, dass dein Handgelenk viel Spielraum hat und er leicht in der Hand liegt. Mit schnellen Bewegungen kannst du viel »Spin« erzeugen. Viele Spieler halten den Schläger beim Aufschlag nur mit dem Daumen und Zeigefinger in der Hand.

047 DER ERFOLGREICHSTE KARATE-FILM

1984 kam »Karate Kid« in die Kinos und avancierte zum Kultfilm. Ein paar der obligatorischen Fortsetzungen sowie eine Neuverfilmung hat es bereits gegeben – und eine Serie, die die Geschichte fortspinnt. Auch eine Zeichentrickserie ließ sich von der Geschichte inspirieren. Viel mehr geht eigentlich nicht.

Die Story des ersten »*Karate Kid*«-Films, des Originals sozusagen, spielt in Kalifornien. Dort lebt der 15 Jahre alte Daniel LaRusso (gespielt von Ralph Macchio), der von Gleichaltrigen angefeindet wird. Dank seines ausgiebigen Ausflugs in die fernöstliche Karatekunst erkämpft er sich Anerkennung. Der überraschende internationale Erfolg des Filmes hat damals einen regelrechten Karate-Boom ausgelöst. (ab 12 Jahren)

048 EIN PAAR ZU RECHT VERGESSENE SPORTARTEN

Aalziehen
Ein lebender Aal wurde an einer Schnur aufgehängt, die über einen Kanal gespannt war. Männer, die in Booten saßen, versuchten, den Aal zu fassen zu kriegen.

Autopolo
Die mit Schlägern ausgestatteten Spieler saßen bei der Jagd nach dem Spielball nicht auf Pferden, wie es mancher vom Polo kennt, sondern in Autos. Nach zahlreichen Verletzten und Todesfällen unter Spielern und Zuschauern verschwand diese Sportart glücklicherweise wieder von der Bildfläche.

Babyboxen
Klingt wie ein schlechter Witz: Die U.S. Navy hat früher in Wettkämpfen Dreijährige gegeneinander antreten lassen.

Einarmiges Gewichtheben
1896 war es noch eine olympische Sportart: Beim Gewichtheben durfte nur eine Hand benutzt werden.

049/050 REKORDTRÄCHTIGES TENNIS

  Netz! Aus! Aus! Netz! Dem Schweizer Tennisprofi *Marc Rosset*, immerhin Olympiasieger von 1992, gelang das unerreichte Kunststück, beim Viertelfinale eines Davis-Cup-Tennisspiels insgesamt 30 Doppelfehler* zu produzieren. Trotz dieser immensen Fehlerzahl konnte er das Spiel lange offenhalten und verlor es erst im entscheidenden fünften Satz mit 13:15.

Und wo wir gerade bei Tennis-Rekorden sind: Der fünfte Satz, in dem sich die Profis *John Isner* und *Nicolas Mahut* einmal in der ersten Runde in Wimbledon gegenüberstanden, musste beim Stand von 59:59 abgebrochen werden, weil es zu dunkel geworden war. Am nächsten Tag spielten beide weiter. Nach insgesamt elf Stunden Spielzeit gewann Isner schlussendlich mit 70:68.

* Wenn beim Tennis der aufschlagende Spieler den ersten Ball nicht im vorgeschriebenen Aufschlagfeld unterbringt, erhält er eine zweite Chance. Erst wenn er auch diesen Aufschlag verschlägt, bekommt der Gegner den Punkt – ein sogenannter »Doppelfehler«. Deswegen wird der erste Aufschlag meist mit viel Risiko gespielt, um den Spieler auf der anderen Seite des Netzes gleich unter Druck zu setzen und vielleicht ein unerreichbares »Ass« zu schlagen. Der zweite Aufschlag wird hingegen fast immer deutlich vorsichtiger gespielt, damit der Ball auf jeden Fall im Aufschlagfeld landet. Klappt aber offensichtlich nicht immer, wie man sieht…

051 DIE PERFEKTE ARSCHBOMBE

 Wer kennt ihn nicht, den »Paketsprung« ins Schwimmbecken, bei dem das Wasser ordentlich in alle Richtungen spritzt. *Splashdiving* heißt diese Disziplin, wenn sie als sportlicher Wettkampf ausgetragen wird. Doch was einfach aussieht, ist es gar nicht. Mitunter kann eine Arschbombe auch ganz schön wehtun, wenn du suboptimal eintauchst. Besonders wichtig ist die Körperspannung.

Die beste Sprungtechnik zum Üben ist der sogenannte »Anker«. Dabei ist ein Bein gestreckt und das andere angewinkelt. Du ziehst also ein Knie eng an den Oberkörper und lässt das andere Bein lang. Der gestreckte Fuß durchbricht die Wasseroberfläche, das angewinkelte Bein verbreitert die Körperfläche und sorgt für die hübsche Fontäne. Empfehlenswert ist es, erst einmal vom Rand oder Startblock zu springen.

Splashdiving-Weltmeister *Christian Guth* betont, worauf es immer und vor allem ankommt: »Das Wichtigste ist die Körperspannung, wenn man aufs Wasser kommt. Immer alles anspannen, egal in welcher Position, auch wenn man gerade voll auf den Rücken knallt.«

052 WIE GEHT EIGENTLICH... MINIGOLF

 Wer kennt das nicht. Da ist man im Sommer mit Freunden oder der Familie unterwegs und findet sich plötzlich auf einer Minigolfbahn wieder, an deren Ende meist ein Speiseeis wartet. Damit das Eis besonders gut mundet, sollte optimalerweise vorher auch das Minigolfen etwas Spaß bereitet haben. Doch so einfach, wie es mitunter aussieht, ist dieses Freizeitvergnügen keineswegs. Deshalb sind immer auch starke Nerven gefragt. Also: Wenn es mal nicht rund läuft, nicht gleich den Kopf verlieren. Hier ein paar Tipps für Minigolf-Novizen:

1) Wichtig ist die Schlaghaltung. Am besten sind deine Beine leicht gegrätscht und nicht geschlossen. Die Knie und die Hüfte sind leicht gebeugt, der Kopf ist fast über dem Ball. Füße und Ball bilden ein gleichschenkliges Dreieck. Bei Rechtshändern ist meist die linke Hand oben am Schläger – bei Linkshändern ist es umgekehrt.

2) Der Schlag kommt nicht aus dem Handgelenk, sondern durch eine gleichmäßige Bewegung aus den Schultern.

3) Wichtig ist, den Ball nicht zu stark zu treffen. Es kommt auf die richtige Mischung aus ruhiger Hand, Ballgefühl und Kraft an.

053 *Spiel 77*

Eine kurzweilige Spielweise beim Minigolf, die sich von den gängigen Einzel- und Mannschaftsspielformen unterscheidet, ist das »Spiel 77«. Jeder Spieler darf insgesamt 77 Schläge ausführen. Es gewinnt derjenige, der mit diesen Schlägen die meisten Bahnen schafft.

054 ALLESKÖNNER

»Ein Badmintonspieler sollte verfügen über die Ausdauer eines Marathonläufers, die Schnelligkeit eines Sprinters, die Sprungkraft eines Hochspringers, die Armkraft eines Speerwerfers, die Schlagstärke eines Schmiedes, die Gewandtheit einer Artistin, die Reaktionsfähigkeit eines Fechters, die Konzentrationsfähigkeit eines Schachspielers, die Menschenkenntnis eines Staubsaugervertreters, die psychische Härte eines Arktisforschers, die Nervenstärke eines Sprengmeisters, die Rücksichtslosigkeit eines Kolonialherren, die Besessenheit eines Bergsteigers sowie über die Intuition und Fantasie eines Künstlers. Weil diese Eigenschaften so selten in einer Person versammelt sind, gibt es so wenig gute Badmintonspieler.«

—

Martin Knupp, Badminton-Trainer

055 FAHRRADFUSSBALL

Fahrradfußball funktioniert im Prinzip so wie sein großes Vorbild. Allerdings sitzen die Mitspieler – du wirst es erraten haben – allesamt auf einem Rad. Für das Spiel brauchst du also nicht nur ausreichend Fahrräder, sondern auch einen Ball und Tore. Papas nigelnagelneues E-Bike und Mamas Rennrad solltest du aber nicht an deine Freunde rausrücken. Am einfachsten ist es, auf Schulhöfen nach einem geeigneten Platz Ausschau zu halten. Die Spielregeln kannst du selber anpassen: z.B. ob ein kurzer Kontakt der Füße am Boden beim Spielen erlaubt oder verboten ist.

056 FUSSBALLER UND IHRE TATTOOS

Dumm gelaufen: Der Fußball-Star David Beckham wollte eigentlich den Namen seiner Herzensfrau Victoria als Körperschmuck verewigt sehen. Stattdessen steht dort nun:

Vihctoria

057 EIN ALTER TRICK, UM ZWEI TEAMS UNTERSCHEIDEN ZU KÖNNEN

Bei manchen Spielen teilen sich zwei Mannschaften ein Spielfeld, so dass es schwerfällt, die Teammitglieder zu unterscheiden. Wenn mal gerade keine Trikots oder Leibchen zur Verfügung stehen oder alle Mitwirkenden in kunterbunten Klamotten rumrennen, die eine Aufteilung in zwei ähnlichfarbige Mannschaften erschwert, reicht auch schon eine Packung Taschentücher. Die Spieler einer Mannschaft nehmen sich einfach ein Taschentuch und binden es sich um den Arm. Die Taschentücher kriegt natürlich immer die Mannschaft mit den meisten erkälteten Spielern.

058 DER LÄNGSTE BOXKAMPF

Boxen ist eine sehr, sehr alte Sportart. Schon die Griechen haben im 7. Jahrhundert vor Christus Faustkämpfe mit klaren Regeln durchgeführt. Beim Boxen stehen sich heutzutage zwei ungefähr gleich schwere Kontrahenten in einem Ring gegenüber und traktieren sich mit Fäusten, die in dicken, gepolsterten Handschuhen stecken. Normalerweise geht so ein Kampf selbst bei den Profis maximal über 15 Runden, eine Runde ist dabei drei Minuten lang. Das heißt, ein Kampf ist innerhalb von ein, zwei Stunden vorbei – wobei es auch deutlich kürzere Kampfzeiten gibt, wenn es einem der Beteiligten gelingt, sein Gegenüber k. o. zu schlagen.

Der vermeintlich längste Boxkampf der Geschichte fand am 6. April 1893 in New Orleans statt und begann um 21 Uhr. Die beiden Boxer Andy Bowen und Jack Burke lieferten sich einen Fight über 110 Runden. Mehr als 7 Stunden standen sie im Ring. Als der Gong schließlich zur 111. Runde läutete, waren beide Kämpfer zu erschöpft, um sich aus ihren Ecken zu erheben. Der Ringrichter entschied auf ein Unentschieden.

059 DER BESTE FILM ÜBER DAS TAUCHEN

»*Im Rausch der Tiefe*« heißt ein französischer Spielfilm aus dem Jahr 1988. Im Zentrum der oftmals unter Wasser spielenden Handlung steht der Wettstreit der beiden Extrem-Taucher Jacques Mayol und Enzo Maiorca, die sich ohne Sauerstoffgerät ins Tiefe stürzen. Dafür nimmt man als Zuschauer sogar die obligatorische Liebesgeschichte in Kauf, die bei diesem Film nicht fehlen darf. Wenn's dir zu romantisch wird, kannst du ja Chips und Limo für alle Zuseher holen. (ab 12 Jahren)

060 TAKRAW – AKROBATIK AM BALL

 Fußball trifft auf Badminton: Das *Sepak Takraw*, in Thailand auch kurz *Takraw* genannt, ist eine in Asien weit verbreitete und sehr beliebte Ballsportart, die wahrscheinlich vom chinesischen Federfußball inspiriert ist. Übersetzt heißt das so viel wie »Kick den Rattan«. Die Hauptrolle spielt ein Ball aus geflochtenem Rattan – das sind spezielle Fasern einer Kletterpalme. Es gibt in vielen Ländern Varianten, zum Beispiel *Sepak Raga* in Malaysia.

Takraw ist außerordentlich dynamisch, die Spieler machen allerlei akrobatische Dinge, um den Ball über das Netz zu befördern. Dabei darf der Rattanball mit allen Körperteilen gespielt werden, jedoch nicht mit den Händen. Meistens nutzen die Spieler den Fuß. Zum Schutz tragen sie oft ein Tuch um den Kopf – kein Wunder, da die Bälle schon mal eine Geschwindigkeit von 120 km/h erreichen können.

Diese Ballsportart könnt ihr in ähnlicher Form auch im Garten oder Park ausprobieren. Ihr braucht dafür ein Spielfeld mit Netz oder Schnur. Da es nicht gerade einfach ist, an einen Original-Ball aus Rattan zu kommen, versucht es einfach mit anderen Bällen.

061 HAUEN UND STECHEN

 Überall auf der Welt gibt es Kampfsportarten, bei denen die Kontrahenten mit Stöcken aufeinander losgehen. Das kann natürlich schnell ins Auge gehen. Damit das nicht passiert, sehen die meisten dieser Stockkampfdisziplinen spezielle Schutzausrüstungen und ein kompliziertes Regelwerk vor. Nachmachen empfiehlt sich da wirklich nur unter Anleitung eines Könners.

Und doch kannst du aus den diversen Stockkampfsportarten aus aller Welt eine kleine Challenge machen: Die meisten von ihnen haben nämlich nicht nur ziemlich komplizierte Regeln, sondern auch ziemlich komplizierte Namen. Wie viele kannst du du dir wohl merken? Nimm dir ruhig ein paar Minuten Zeit, um sie dir einzuprägen.

Arnis-Kali-Eskrima / Escrima: philippinische Kampfkunst

Bataireacht: irische Kampfkunst

Bâton français: französische Stockkampfart

Bōjutsu: japanische Kampfkunst mit langem Stock

Canne: französischer Stockkampf

Jōdō: japanische Kampfkunst mit kurzem Stock

Tānjō: japanische Kampfkunst mit ca. 90 cm kurzem Stock (meist auch Gehstock)

Donga-Kampf: Kampfkunst aus Äthiopien

Jogo do pau: portugiesische Kampfkunst

Juego del Palo: kanarische Kampfkunst

Bastone genovese: aus Genua stammende Form des italienischen Stockkampfes

Maculelê: brasilianischer Kampftanz

Silambam Nillaikalakki: indische Kampfkunst

Taiaha: die traditionelle Holzwaffe der neuseeländischen Maori, zum Teil mit (hölzernen) Speerspitzen und einem verdickten Keulenende

Shaolin Kung Fu: chinesische Kampfkunst

062 WIE GEHT EIGENTLICH… SLACKLINING

Wahrscheinlich hast du sie schon mal in einem Park gesehen: Slackliner. Das sind Leute, die ein straffes Kunstfaser- oder Gurtband zwischen zwei Bäumen spannen und dann versuchen, darauf zu balancieren. Wer das erste Mal auf so einer Slackline stand, kann ein Liedchen davon trällern, wie unerwartet schwierig das ist. Geduld und Übung sind gefragt. Zunächst sollte dein Ziel sein, einigermaßen sicher auf der Slackline zu stehen. Dann kannst du die ersten Schritte probieren, bei denen es auch wackeln darf. Dein nächstes Ziel sollte es sein, dass das Wackeln weniger wird, so dass du stabile Schritte unternehmen kannst. Nach ein paar Tagen Übung kannst du dann auch schon eine Strecke auf der Slackline sicher gehen.

Bitte denk daran: Das straff gespannte Seil kann ohne Schutz die Rinde der Bäume verletzen. Als Schutz kannst du Decken oder Matten um den Baumstamm binden.

Ein paar Tipps für Einsteiger

- Nicht mit Kraft aufsteigen, sondern mit Schwung.
- Du blickst gerade nach vorne auf einen festen Fixpunkt. Schau nicht auf deine Füße.
- Setze den Fuß gerade auf die Slackline.
- Halte den Körper aufrecht und gehe leicht in die Knie.
- Wenn du mit den Armen ausbalancieren möchtest, sollten sie über Schulterhöhe sein.
- Halte die Arme locker, strecke sie nicht durch.

063 **GEHIRNAKROBATIK**

 Na, wie sieht's aus: Wie viele der 15 Stockkampfsportarten von Seite 44 hast du dir merken können? Versuch doch mal, so viele wie möglich aufzusagen oder aufzuschreiben. Lass dir ruhig Zeit, bis dir beim besten Willen keine mehr einfallen will. Und dann blätter zurück, um zu prüfen, wie viele du richtig hattest. Fünf oder sechs wären bei einer so überraschenden Aufgabe schon ein richtig tolles Ergebnis.

Es gibt übrigens richtige Könner, die solche Merkaufgaben wie Sportler trainieren und auch bei Wettkämpfen antreten. Die besten dieser Gehirnakrobaten starten sogar alljährlich bei der Gedächtnis-Weltmeisterschaft, die seit 1991 ausgetragen wird. Dort messen sie sich dann in einem Zehnkampf, der sich über drei Tage erstreckt. Die Disziplinen dabei lauten zum Beispiel: Gesichter und die zugehörigen Vornamen merken, eine Stunde lang eine irrsinnig lange Ziffernfolge auswendig lernen, einen Stapel mit 52 Karten so schnell wie möglich einprägen oder in einer Stunde so viele Kartenstapel wie möglich merken.

Genau wie Fußballspieler oder Stabhochspringer machen sich gute Gedächtnissportler im Training und bei Wettkämpfen bestimmte Techniken und Tricks zunutze. Ein paar davon kannst du ja mal ausprobieren, wenn du zum Beispiel etwas für die Schule auswendig lernen musst oder beim Memory-Lauf gewinnen willst (siehe rechte Seite). Aber nicht vergessen: Auch beim Gedächtnissport macht Übung den Meister.

064 *Tipps von Gedächtnisweltmeistern*

Wer Gedächtnisweltmeister nach ihren Tricks fragt, erhält fast immer einen Hinweis auf *Visualisierungstechniken*. Es geht also darum, sich etwas bildlich vorzustellen. Der Trick ist dann, einzelne Punkte in eine Geschichte zu verpacken – wie bei einer Eselsbrücke. Du stellst dir einen vertrauten Weg etwa von der Wohnung zur Schule vor und suchst dir einzelne Orte aus, an denen du etwas ablegst. Ein Beispiel: Du musst dir eine Einkaufsliste merken, auf der Brötchen und Gummibärchen stehen. Dann stellst du dir vor, dass vor deiner Haustür eine aufgeblasene Brötchentüte liegt, die platzt, weil du in sie reintrittst. Die Ampel an der Kreuzung erscheint dir als Leiter, auf der Gummibärchen aus einem Gefängnis fliehen. Wenn du im Supermarkt bist und deinen Gedankenweg noch einmal durchgehst, fallen dir diese Dinge wieder ein. Wichtig sind in jedem Fall klare Bilder, die durchaus verrückt oder actionreich sein können.

Die Methode funktioniert übrigens, weil sich Bilder und Geschichten einfacher merken lassen als abstrakte Informationen. Die Technik taucht übrigens auch in der TV-Serie »*Sherlock*« auf, wo der Meisterdetektiv einen »Gedächtnispalast« nutzt.

Eine ähnliche Technik kannst du verwenden, um dir die ersten 20 Stellen der Kreiszahl Pi zu merken: Zunächst ordnest du die Ziffern von 0 bis 9 verschiedenen Buchstaben zu. Darauf aufbauend, kannst du dir Zahlenpaare merken – mit den beiden Buchstaben (z. B. »AB«) verbindest du dann ein Wort (z. B. »Arminia Bielefeld«).

065 MEMORY-LAUF

Beim *Memory-Lauf* gehen Sport und Erinnerungsvermögen eine intelligente Verbindung ein. Vor dem Start legt ihr eine Spielfläche fest, in der es mehrere markante Punkte gibt, die anzulaufen sind. Das können Bäume, Bänke, Rucksäcke oder Spielgeräte sein. Haltet die Augen offen! Der Erste läuft nun zu einem dieser Punkte, berührt ihn kurz mit der Hand und kehrt zum Ausgangspunkt zurück. Dann startet der Nächste, läuft zum ersten Punkt und sucht sich anschließend einen zweiten aus, den er ebenfalls berührt, bevor er wieder zum Team zurückläuft. Der dritte Spieler muss nun in der richtigen Reihenfolge zu den ersten beiden Punkten rennen, bevor er eine dritte Stelle auswählt. Wenn alle Spieler einmal an der Reihe waren, geht es wieder von vorne los – die bisherigen Anlaufpunkte bleiben dabei bestehen. Wer einen Fehler macht, scheidet aus. Wer als Letzte(r) noch übrig ist, gewinnt.

Es gibt mehrere Varianten des Memory-Laufs. Ihr könnt das Spiel als Teamwettbewerb durchführen: Dafür legt ihr vorher eine Zeit fest, in der beide Mannschaften versuchen sollen, so viele Punkte wie möglich anzulaufen. Wenn sich jemand vertut, werden seine in dem Lauf erzielten Punkte nicht mitgezählt.

Eine weitere Alternative sieht so aus: Im Vorfeld legt ihr eine bestimmte Reihenfolge der Punkte fest. Wenn beim Laufen jemand durcheinanderkommt, muss er noch mal zurück zum Start und von vorne anfangen. Es gewinnt das Team, das die Aufgaben als schnellstes löst. Wer es noch schwieriger gestalten möchte, baut eine Rückwärtsrunde ein.

066 VOM TORWART ZUM WRESTLER

Als Bundesliga-Torhüter genoss *Tim Wiese* den Ruf eines Kraftmeiers, der wenig zimperlich mit all jenen umging, die es wagten, seinen Fünfmeterraum zu betreten. Das Fitnessstudio war auch nach der Fußballkarriere ein Ort, an dem er sich so gerne aufhielt wie andere im Schokoladenmuseum. Und wo die Muskeln fröhlich wuchsen, folgte irgendwann, was folgen musste: Tim Wiese wurde Profi-Wrestler* und ließ sich nun offiziell dafür bezahlen (und bejubeln), dass er andere spektakulär vermöbelte. Für die Wrestling-Organisation WWE schlüpfte er im Jahr 2016 in die Rolle eines Charakters mit dem bezeichnenden Namen »The Machine«. Sein betont lässiges Outfit: Jeans und Unterhemd. Seine Kampfansage an die Gegner: »Ich habe ein unheimlich hohes Gewicht, aber ich bin wendig. Ich bin schnell wie ein Blitz!« Richtig viel Spaß schien ihm der Ausflug in den Wrestling-Ring aber nicht gemacht zu haben: Kurze Zeit nach seiner Premiere hörte er auch schon wieder auf.

* Wrestling ist eine spezielle Art des Ringens, eher eine Art Show fürs Publikum mit viel Schauspielerei und Grimassen, bei der kaum etwas verboten scheint. Die Kämpfe sehen meist ziemlich gemein und brutal aus. Vieles ist aber vorher einstudiert.

067 HEIMSPIEL IM WOHNZIMMER

Zugegeben: Manchmal ist das Wetter tatsächlich so miserabel, dass man noch nicht einmal Lust auf Schlammcatchen oder Pfützenspringen hat. An solchen Tagen kannst du es dir ruhigen Gewissens vor dem Fernseher bequem machen und zum Beispiel eine Sportdokumentation anschauen. Überraschende Einblicke zuhauf liefert dir dabei die Doku-Reihe »Heimspiel« (im Original »Home Game«) des Streaming-Anbieters Netflix. Im Zentrum der einzelnen Folgen der Serie stehen jeweils ungewöhnliche, spektakuläre und riskante Traditionssportarten aus aller Welt, die nicht wirklich zur Nachahmung empfohlen sind.

Da wäre beispielsweise der brutale *Calcio Storico*, eine wilde Mischung aus Rugby, Fußball und Kampfsport, die ausschließlich in der italienischen Stadt Florenz gespielt wird – und das schon seit gut 500 Jahren! Um Kampfsport dreht sich auch manches bei der Voodoo-Wrestling-Variante *Catch Fétiche* im Kongo. Vergleichsweise friedlich geht es beim Baumstammwerfen zu, das im Rahmen der traditionellen *Highland Games* in Schottland stattfindet. Bei anderen Wettkämpfen dort geht es indes anders zur Sache... Faszinierend ist auch das *Roller Derby* im US-amerikanischen Austin: ein Vollkontaktsport mit vielen schmerzhaften Karambolagen und blauen Flecken, den in erster Linie Rollschuhfahrerinnen ausüben. Derweil duellieren sich beim *Kok-boru* in Kirgisistan die Mannschaftsspieler auf Pferden (dabei geht es unter anderem um eine tote Ziege). Und das ist längst nicht alles.

Die Altersempfehlung – ab 12 Jahren – ist nachvollziehbar. Also im Zweifelsfall lieber noch etwas warten, bis du reinklickst.

068 DER KEMPA-TRICK IM HANDBALL

Wer sich schon einmal etwas näher mit dem Handballsport beschäftigt hat, wird bestimmt von dem legendären Kempa-Trick gehört haben. Benannt ist dieser besondere Spielzug nach *Bernhard Kempa*, der in den 1950er Jahren als einer der besten und vielseitigsten Handballer der Welt galt. Als Spielertrainer von Frisch Auf Göppingen wollte er damals für Abwechslung im Trainingsbetrieb sorgen. »Auch das Training sollte Spaß machen. Und bei solchen spaßigen Übungen erfand ich den Trick«, hielt Bernhard Kempa in einem Buch fest.

Der Trick ist ebenso genial wie einfach: Ein Spieler passt den Ball über die Abwehrspieler des Gegners in den Kreis, der Mitspieler fängt den Ball in der Luft und wirft ihn sofort aufs Tor, bevor er mit seinen Füßen aufkommt.

069 DREIBALL-LAUF

 Für dieses alte Laufspiel braucht jede teilnehmende Mannschaft drei Bälle. Im Abstand von 5 bis 10 Metern buddelst du nun drei Löcher – oder markierst die Stellen auf andere Art und Weise. Jetzt bringt der erste Spieler auf Kommando den ersten Ball zum ersten Ablegeort, dann den zweiten Ball zum zweiten Ort, schließlich den dritten Ball zur dritten Ablegestelle. Dann rennt er zurück zum Start und klatscht seinen Mitspieler ab, der die drei Bälle nach demselben Schema zurückholt. Es gewinnt das Team, das die Bälle am schnellsten holt bzw. zurückbringt.

Urlaubsvariante

Wenn ihr am Strand seid, könnt ihr die Bälle prima im Sand verbuddeln. Die Stelle kannst du mit Zweigen oder ähnlichen Gegenständen markieren. Du kannst die Markierung aber auch weglassen, um auf diese Weise das Ausbuddeln zu erschweren.

070 ALTES BALLSPIEL: ZIELBALL

 Ein Ziel wird mit Kreide an die Wand oder auf ein Brett oder dergleichen gemalt – am besten mit verschiedenen Punktezonen. Du kannst zum Beispiel wie beim Bogenschießen mit Punkten versehene »Ringe« vorgeben oder bunt durcheinander gemischte Punkteflächen wie auf einer Darts-Scheibe. Im Vorfeld solltet ihr euch auf die Anzahl der Würfe geeinigt haben. Beim Zielball können Einzelspieler gegeneinander antreten, ihr könnt selbstverständlich aber auch Mannschaften bilden.

071 FAHRRADFANGEN

 Der Klassiker unter den Laufspielen kann auch mit Fahrrädern Spaß machen. Dafür braucht ihr ein abgestecktes Feld. Der Fänger versucht, einen der anderen Spieler abzuklatschen. Der Gefangene wird dann zum neuen Fänger. Solltet ihr nicht so viele Mitspieler sein, könnt ihr das Ganze auch einfach umdrehen: Dann gilt es, zusammen einen einzelnen Spieler zu fangen.

072 TENNISSCHLÄGERSPIELE

 Vielleicht besitzt du einen Tennisschläger, aber mit ziemlicher Sicherheit hast du keinen Tennisplatz im eigenen Garten. Zum Glück kannst du deinen Schläger jedoch auch für andere Spiele verwenden. Dafür tut es auch ein alter, ausrangierter Schläger, der für ein richtiges Tennis-Match kaum noch zu gebrauchen wäre.

Wassertransport

Beim Wassertransport müssen alle Teilnehmer einen Becher Wasser mit dem Tennisschläger transportieren und dabei eine Strecke laufen. Wer als Erster mit Schläger und gefülltem Wasserbecher im Ziel ist, hat gewonnen. Wem der Becher zwischendurch vom Schläger fällt, ist raus und hat verloren.

Bälletransport

Beim Bälletransport müssen die Mitspieler möglichst viele Bälle auf ihrem Tennisschläger balancieren und in dieser Haltung eine vorher festgelegte Strecke zurücklegen. Für jeden heruntergefallenen Ball gibt es dabei eine Strafsekunde. Für diese Variante brauchst du eine Stoppuhr, um die Laufzeiten der einzelnen Starter vergleichen zu können.

Du kannst beim Bälletransport auch einen kleinen Slalom-Parcours aufbauen, um für eine zusätzliche Herausforderung zu sorgen.

073 **RÄUBERSCHLAGEN**

Der Name dieses Spiels ist ein schönes Beispiel dafür, dass einem das Internet nicht immer auf Anhieb weiterhelfen kann. Wenn man nämlich in Suchmaschinen Begriffe wie »Räuberschlagen« oder »Räuber schlagen« eingibt, bekommt man zwar viele Links zu Polizeiberichten angezeigt, keinesfalls aber eine Erläuterung des gleichnamigen Laufspiels.

Beim Räuberschlagen stehen sich zwei gleich starke Parteien ca. 50 Meter gegenüber. In der Mitte des Feldes liegt ein Stock mit einer Mütze oder einem Tuch. Die einen sind jeweils die Fänger, die anderen die Läufer. Eine Spielzeit wird festgelegt, z. B. 10 Minuten. Mit dem Start läuft aus beiden Parteien ein Spieler los. Die Läufer müssen den Gegenstand aus der Mitte holen und zur eigenen Partei zurückbringen, die Fänger den Gegenspieler abschlagen. Wer abgeschlagen wird, gilt als gefangen. Nachdem jede Gruppe einmal Schläger bzw. Fänger war, wird gezählt, wer mehr Gefangene gemacht hat.

Wichtig: Um Chancengleichheit beim Fangen zu bewahren, darf der jeweilige Starter der Läufergruppe beim Losrennen einige Meter näher zum Stock in der Mitte stehen als sein Gegenüber der Fängergruppe.

074 **BASKETBALL: HORSE**

Die Spielidee beim »HORSE« ist einfach: Du musst die Aktionen deines Mitspielers kopieren. Einer macht etwas vor, andere versuchen dann, das Ganze besser zu machen. Vor allem beim Basketball und beim Skateboardfahren ist das ziemlich beliebt.

Der Spieler, der beginnt, legt dabei die Aktion fest, beim Basketball z. B. einen Wurf von der 3-Punkte-Linie mit geschlossenen Augen oder einen Wurf aus dem Sitzen auf den Korb. Wenn er erfolgreich war, müssen die anderen Spieler diese Aktion nachahmen. Wem das nicht gelingt, der bekommt zur Strafe einen Buchstaben des Wortes »HORSE« (ihr könnt selbstverständlich genauso gut das Wort »PFERD« nehmen, das hat ja auch fünf Buchstaben). Wenn ein Startspieler eine Aktion nicht erfolgreich vormacht, bekommt er dafür ebenfalls einen Buchstaben. Wer alle fünf Buchstaben zusammenhat, hat in diesem Fall natürlich nicht gewonnen, sondern scheidet aus.

075 *Tricks mit Buchstaben*
(auch bei anderen Sportarten)

Diese Spielidee kannst du natürlich auch bei anderen Sportarten
anwenden – zum Beispiel mit Kunstschüssen beim Fußball,
bei Tricks auf dem BMX-Rad oder beim Jonglieren.

076 KLEINES TROSTPFLASTER

»Man lernt eine Zeile von einem Sieg und ein Buch aus einer Niederlage.«
—
Paul Brown, American-Football-Trainer

077 SWAMP SOCCER

Das gibt es wirklich: *Swamp Soccer*, auch Moorfußball, Sumpffußball oder Matschfußball genannt, ist eine Fußballform, bei der zwei Mannschaften mit sechs Spielern auf möglichst schlammigem Untergrund gegeneinander antreten.

Es gibt beim Swamp Soccer sogar nationale und internationale Wettbewerbe. Bei der ersten WM im Jahr 2000 haben immerhin 117 Mannschaften aus der ganzen Welt mitgemischt. Erfunden haben soll diese recht junge Fußballvariante angeblich ein finnischer Skilanglauftrainer, der seine Ausdauer durch Matschmärsche verbessern wollte und dafür dann einen Ball zur Hilfe genommen hat, weil ihm das mehr Spaß bereitete.

Es gibt auch richtige Spielregeln: Strafstöße, Eckstöße und Einwürfe werden aus der Hand gespielt, Abseits existiert nicht. Eine Halbzeit dauert zehn Minuten. Die wahrscheinlich wichtigste Regel steht aber nicht im Regelbuch: Auf problemlos waschbare Spielkleidung achten!

078 **FRISBEE-BASEBALL**

Frisbee-Baseball lässt sich prima in größeren Gruppen spielen: mit zehn Spielern und mehr. Du benötigst ein markiertes Feld, eine Ablagestelle und eine Frisbee-Scheibe (oder einen Keksdosendeckel mit guten Flugeigenschaften).

Es werden zwei Mannschaften gebildet. Die eine Mannschaft stellt sich innerhalb des Spielfeldes auf. Die Spielfeldecken bilden jeweils ein sogenanntes *Base*. Der erste Läufer aus der anderen Gruppe wirft einen Frisbee in das Spielfeld und versucht, das nächste Base zu erreichen, bevor die Mannschaft im Spielfeld den Frisbee fangen und zur Ablagestelle werfen bzw. dort ablegen kann. Anschließend ist der nächste Läufer mit dem Frisbee an der Reihe. Jeder Baseläufer versucht, mindestens ein Base weiter zu laufen, ohne »verbrannt« zu werden. Gelingt dem Werfer ein *Home Run*, erhält die Mannschaft drei Zusatzpunkte. Verbrannt ist derjenige Läufer, dem es nicht gelingt, rechtzeitig ein Base zu erreichen. Er kann in der Runde keine Punkte erzielen.

Gezählt werden die Punkte, die eine Mannschaft innerhalb einer Spielzeit von 10 Minuten erreicht. Danach werden die Aufgaben getauscht. Gewonnen hat die Mannschaft, die am Ende die meisten Punkte hat.

079 *Flip-Auslosung*

Bei Spielen mit Frisbee kannst du mittels »Flip-Auslosung« ermitteln, wer anfängt. Vorausgesetzt, ihr habt mindestens zwei Frisbees.

Die Prozedur ähnelt der beim Münzwurf. Einer der beiden Teamkapitäne muss sich für »gleich« oder »ungleich« entscheiden. Dann werfen die beiden ihre Frisbee-Scheibe hoch in die Luft. Wenn die Scheiben gelandet sind, entscheidet es sich, ob der betreffende Kapitän mit seinem Tipp richtig liegt: Zeigen beide Scheiben mit der Vorderseite nach oben? Oder beide mit der Rückseite? Oder handelt es sich um einen »ungleichen« Wurf, weil bei der einen die Vorderseite nach oben zeigt und bei der anderen die Unterseite? Der Gewinner des Flips darf aussuchen, ob sein Team anwirft.

080 **GOLFREKORD**

Am 17. Oktober 1965 landete Robert Mitera einen ganz besonderen Golfschlag: Mitera schlug den Ball beim Abschlag nicht nur 405 Meter weit – der Golfball landete dann auch noch direkt im Loch. Damit hatte er das längste *Hole-in-one* der Geschichte gelandet. Ein anderer Golfer musste ihm aber davon berichten: Mitera konnte das Ziel vom Abschlag aus überhaupt nicht sehen.

081 AUF DIE PLÄTZE, FERTIG, LOS

 Um die Wette zu laufen ist ein ebenso einfacher wie schöner Wettkampf. Normalerweise läuft dabei ja jeder für sich – und zwar mit beiden Beinen. Es gibt aber auch viele kurzweilige andere Möglichkeiten, die es auszuprobieren lohnt:

Auf allen Vieren laufen.

Hüpfen: Eine Hand fasst hinter dem Rücken den gegenseitigen gehobenen Fuß, dann hüpfst du auf einem Bein.

Paarweise Hüpfen: Der hintere Spielers fasst mit einer Hand den gehobenen Fuß des Partners, mit der anderen den eigenen gehobenen Fuß.

Hüpfen mit geschlossenen Beinen (oder mit zusammengebundenen Beinen).

Schubkarrefahren: Paarweise aufstellen, ein Spieler geht in Liegestützhaltung, der andere fasst dessen Fußgelenke und schiebt ihn vor.

Dreibeinlauf: Zwei Spieler stehen nebeneinander und haben die Arme eingehakt, die inneren Beine sind mit einem Tuch oder Seil zusammengebunden.

Fünfbeinlauf: Zwei Spieler stehen nebeneinander, ein dritter Spieler kommt von hinten und hängt ein Bein über die gefassten Hände der beiden anderen, die Hände auf deren Schultern gestützt.

Staffellauf (z. B. mit Holz, Bällen etc. zum Übergeben oder dem An- und Ausziehen eines Kleidungsstücks). Geht auch in den anderen Varianten wie Hüpfen, Krabbeln etc.

082 BLITZBALL

 Dein Fußball ist platt und lässt sich nicht mehr richtig aufpumpen? Schmeiß ihn bloß nicht weg, du kannst ihn nämlich immer noch prima für *Blitzball* nutzen – eine einfache *Rugby*-Variante.

Bei diesem Spiel stehen sich zwei Mannschaften gegenüber, deren Aufgabe es jeweils ist, den Ball in das Zielgebiet des Gegners zu tragen. Diese sogenannte »Endzone« verläuft hinter der Grundlinie der jeweiligen Spielfeldhälfte. Wichtig ist, dass der Ball – wie beim »richtigen« Rugby – vorwärts nur getragen werden darf. Schießen ist generell verboten, zu einem Mitspieler geworfen werden darf der Ball zwar – aber nur zurück! Eine Sonderregel ist der »Brennschlag«: Erhält der Angreifer durch einen Gegenspieler einen Schlag auf den Rücken muss er den Ball innerhalb von 3 Sekunden zu einem Mitspieler abspielen. Halten, Stoßen oder Auflaufenlassen sind strengstens verboten und werden mit lauten Buh-Rufen und einem Freiwurf für den Gegner bestraft. Du kannst die Endzone auch in mehrere Abschnitte einteilen: Für die mittlere Zone gibt es beim erfolgreichen Ablegen 3 Punkte, für die beiden äußeren Zonen 2 Punkte.

083 DREIGRUBENSPIEL

 Ein Murmelspiel für draußen! Dafür brauchst du eigentlich nicht viel mehr als Kugeln, die sich gut rollen oder werfen lassen. Bestens geeignet sind Bocciakugeln. Zur Vorbereitung des Spielfelds benötigst du eine Schaufel oder du nimmst einfach deine Hände zur Hilfe. Zunächst markierst du eine Abwurflinie, dann gräbst du am Ende deiner »Rollbahn« drei Gruben, die etwa 20 cm tief sind und einen Durchmesser von ungefähr 30 cm haben. Zwischen den drei Zielpunkten sollte etwas Abstand sein, vielleicht etwa 1 Meter.

Jeder Spieler hat drei Kugeln. Der erste Spieler beginnt mit drei Würfen. Je nach Bodenbeschaffenheit kann man die Kugeln rollen lassen oder werfen. Dabei versucht der Startspieler mit dem ersten Wurf, das erste Loch zu treffen. Erst wenn die Kugel in dem ersten Loch verschwunden ist, darf er das zweite Ziel anvisieren. Kugeln, die im richtigen Loch landen, verbleiben dort – so dass der betreffende Spieler in der nächsten Runde dann entsprechend weniger Versuche hätte. Danach geht es reihum und der Nächste ist mit seinen Würfen dran. Wer es als Erster schafft, die Kugel im dritten Loch zu versenken, hat das Spiel gewonnen.

Varianten

Für das Dreigrubenspiel gibt es mehrere Variationsmöglichkeiten. Du kannst z. B. auf Punktejagd gehen: Für Treffer in die Gruben gibt es unterschiedliche Punktzahlen. Jeder hat zehn Würfe, und am Ende wird zusammengezählt, wer die meisten Punkte gesammelt hat.

084 BÜCHSEN SCHIESSEN

Ideal für alle Ravioli-Freunde! Für dieses Spiel brauchst du alte Konservendosen und einige Tennisbälle. Die Konservendosen stellst du auf eine Mauer, einen Tisch oder eine ähnliche Erhöhung mit festem Untergrund – je nachdem, ob du drinnen oder draußen bist. Du kannst die Dosen mit geringem Abstand nebeneinander oder in Form einer Pyramide aufstellen. Anschließend legst du eine Startlinie fest, von der aus die Spieler die Tennisbälle auf die Dosen werfen oder schießen müssen. Je größer der Abstand ist, desto schwieriger gestaltet sich das natürlich. Je nach Alter und Stärke der Mitspieler kannst du auch mehrere Wurflinien festlegen, damit alle eine Chance haben, die Dosen zu treffen. Jeder Spieler darf dreimal zielen. Wer die meisten Dosen trifft, hat gewonnen. Gewertet werden ausschließlich Dosen, die umgefallen oder auf den Boden gepurzelt sind.

Varianten
Du kannst das Spiel auch mit anderen Zielobjekten wie z. B. gefüllten Plastikflaschen oder Bällen ausprobieren. In einem schneereichen Winter kannst du mit Schneebällen auf Ziele werfen.

085 DER TOLLSTE BASKETBALLFILM

»*Weiße Jungs bringen's nicht*« aus dem Jahr 1992 erzählt eine ziemlich klamaukige Geschichte über einen weißen und einen schwarzen Streetballer (gespielt von Woody Harrelson und Wesley Snipes).

Erst hauen sich die beiden gegenseitig übers Ohr, dann müssen sie aber an einem Strang ziehen. Für die großartigen Sportszenen sorgte damals NBA-Legende Bob Lanier. (ab 12 Jahren)

086 DER WAHRSCHEINLICH REICHSTE SPORTLER ALLER ZEITEN

Wenn man dem Historiker Peter Struck glaubt, einem Experten für die Antike, ist ein gewisser *Gaius Appuleius Diocles* der reichste Sportler aller Zeiten. Der gut bezahlte Mann lebte bereits im zweiten Jahrhundert nach Christus, war Wagenlenker im antiken Rom und bestritt in seiner Karriere 4.257 Rennen, von denen er 1.462 als Sieger beendete. Mit diesen Erfolgen gewann er Preisgelder in Höhe von etwa 36 Millionen Sesterzen – das entspräche heute etwa 15 Milliarden Dollar.

Die Wagenlenker waren in der Antike wahre Popstars, die unter heutigen Umständen sehr viele Instagram-Follower gehabt hätten. Sie fuhren für verschiedene Rennställe, die den Rennbetrieb organisierten. In den Circus Maximus in Rom pilgerten an Renntagen bis zu 250.000 Zuschauer, um sich das Spektakel anzusehen. Gaius Appuleius Diocles, der mit 18 Jahren seinen Einstand im Rennzirkus feierte, fuhr bis zum 42. Lebensjahr. Damit dauerte seine Karriere außerordentlich lang.

087 HUFEISENWERFEN

  Eine traditionelle Sportart ist das Werfen von Hufeisen. Um ein solches Eisen an den Stock oder Stab zu befördern, der als Ziel fungiert, benötigst du auf jeden Fall Geschick. Die Regeln sind einfach: Die Spieler werfen abwechselnd mit einem Hufeisen in Richtung eines Zielstabs, der im Boden steckt. Ein Hufeisen, das so landet, dass es den Stab umschließt, zählt drei Punkte. Gelingt das beiden Werfern oder Werferteams, gibt es keine Wertung. Schafft es keiner, gibt es in dieser Runde einen Punkt für das Hufeisen, das dem Stab am nächsten liegt. Sieger ist, wer zuerst 21 Punkte hat. Ihr könnt natürlich auch mehrere Sätze spielen.

Eddy Merckx mit zwanzig. In diesem Alter gewann er bereits erstmals das berühmte Eintagesrennen Mailand–Sanremo.

088 DIE FERIEN NUTZEN! (TEIL 1)

Wahrscheinlich kennst du das: Manchmal wollen Eltern und Kinder einfach nicht dasselbe. Das gilt nicht nur für Diskussionen darüber, ob zuckersüße Brotaufstriche auf den täglichen Speiseplan gehören. Es gilt auch für die Wahl von Sportarten, die Kinder gerne ausüben. Die Eltern des kleinen Eddy aus Belgien zum Beispiel fanden es zwar prima, dass ihr Sohn gerne Sport machen wollte. Doch sollte es bloß nicht das Rennradfahren sein, viel besser geeignet seien aus ihrer Sicht doch Fußball oder Basketball. Der kleine Eddy war aber ganz vernarrt in das Radfahren und trainierte heimlich auf dem Rennrad seines Onkels. Als die Eltern in den Urlaub gefahren waren, nutzte er die Gelegenheit, um bei seinem ersten Rennen an den Start zu gehen. Eddy war noch nicht erwachsen, als er bereits 25 Siege in knapp 50 Rennen erzielt hatte. Der Anfang einer großen Karriere war gemacht. Heute gilt Eddy Merckx als erfolgreichster und bester Radrennfahrer aller Zeiten. Wie gut, dass seine Eltern damals ohne ihn in die Ferien gefahren sind…

089 BALL ÜBER DIE SCHNUR

Mit einer Wäscheleine oder einem Seil und einem Ball könnt ihr unter freiem Himmel einen Klassiker unter den Mannschaftsspielen ausprobieren: *Ball über die Schnur* ist ein simples Spiel nach Volleyball-Vorbild, das auch ohne viel Übung gut funktioniert und gleich Spaß macht. Dafür spannst du zunächst eine Schnur in etwa 2 Metern Höhe. Dann markierst du ein rechteckiges Spielfeld für zwei Mannschaften. Das Team, das den Ball hat, wirft ihn über die Schnur in die gegnerische Hälfte. Die dortigen Spieler müssen ihn fangen. Gelingt dies nicht und der Ball kommt im Feld auf, erzielt die werfende Mannschaft einen Punkt. Wird der Ball unter der Schnur geworfen, berührt er die Schnur oder landet er außerhalb des Felds, erhält der Gegner einen Punkt. Wie gesagt: Alles ganz ähnlich wie beim Volleyball. Wird der Ball gefangen, darf der Fänger mit dem Ball nicht laufen, ihn aber zu einem Mitspieler passen, der wiederum den Ball über die Schnur wirft. Die Anzahl der erlaubten Pässe – meist zwei oder drei pro Spielzug – sollet ihr vorher festlegen. Es gewinnt die Mannschaft, die als Erstes eine vereinbarte Punktzahl erreicht. Wenn der Platz etwas uneben ist, sollet ihr fairnesshalber zur Hälfte des Spiels die Seiten wechseln.

090 *Variante: Handball über die Schnur*

Je nach Spielfeldgröße empfiehlt sich eine Anzahl von sechs bis zwölf Spielern pro Mannschaft. Eine Schnur teilt das Feld in einer Höhe von 1,50 bis 2 Metern. Die hintere Grundlinie ist die Torlinie. In ca. 1,50 Meter Entfernung vom Netz gibt es Abwurflinien, die nicht übertreten werden dürfen. Die Hälfte der Mannschaft postiert sich als Torhüter auf der Grundlinie, die andere verteilt sich im Feld. Der Ball darf nur maximal dreimal innerhalb einer Mannschaft gespielt werden. Er darf dabei wie beim Handball geworfen und gefangen werden. Beim Versuch, ein »Tor« zu erzielen, gilt: Der Ball muss *über* die Schnur geworfen werden, die Abwurflinie darf nicht übertreten werden. Der Angriff war erfolgreich, wenn der Ball über die Grundlinie der gegnerischen Mannschaft geht. Die Spielzeit wird vorher festgelegt. Nach der Hälfte der Zeit könnt ihr die Seiten tauschen.

Geht natürlich auch: Ball über das Gatter – wie es hier ein paar Kinder vom Volk der Lepcha im Himalaya praktizieren. Der Fantasie sind wenig Grenzen gesetzt…

091 DIE FERIEN NUTZEN! (TEIL 2)

Der kleine Alain, der in Zentralfrankreich aufwuchs, liebte den Sport. Wie viele Jungs in seinem Alter kickte er mit großer Begeisterung auf der grünen Wiese. Er schnallte sich aber auch sehr gerne Rollschuhe an oder stieg als Ringer auf die Matte. Bei seinen sportlichen Aktivitäten fiel er mehrfach sprichwörtlich auf die Nase: Nicht nur einmal brach er sie sich beim Sport. Das änderte sich etwas, als er im Alter von 14 Jahren mit seinen Eltern in die Sommerferien fuhr und erstmals in ein Kart stieg. Die Liebe zum Motorsport war geweckt.

Mit 19 Jahren wurde Alain Prost Berufsrennfahrer, 1985 wurde er zum ersten Mal Formel-1-Weltmeister. Drei weitere Weltmeisterschaften sollten folgen, zudem gewann er 51 Grand-Prix-Rennen. Damit zählt er zu den erfolgreichsten Formel-1-Piloten aller Zeiten. Wie gut, dass er damals mit seinen Eltern in die Sommerferien gefahren ist…

❖ ❖ ❖

092 TAUZIEHEN

Dieser bekannte (früher sogar olympische) Wettbewerb geht üblicherweise so über die Bühne: Zwei Mannschaften stellen sich mit einigem Abstand gegenüber in einer Reihe auf und halten jeweils das Ende eines Taus, also eines richtig dicken Seils. Am Boden ist eine Art »Mittellinie« markiert. Auf Kommando beginnen beide Parteien, das Tau auf ihre Seite zu ziehen. Die Mannschaft, die von der anderen über die Mittellinie gezogen wird, hat verloren.

Da du aber wahrscheinlich kein Tau hast (denn Taue sind nun mal nicht so verbreitet wie Smartphones, Geschirrspüler oder Fußbälle), empfiehlt sich eher eine Spielform, für die du praktischerweise gar kein Hilfsmittel benötigst: Jede Mannschaft bildet auch hier eine Reihe, in der nun aber alle Spieler den Körper des jeweils vor ihnen stehenden Teamkollegen umfassen. Die beiden Vordersten jeder Reihe fassen sich gegenseitig an den Händen. Nun geht auf Kommando das kräftige Ziehen los. Die Mannschaft, die sich über die Mitte ziehen lässt oder zuerst loslässt, hat verloren.

❖ ❖ ❖

093 WETTLAUFEN IM WASSER

Diesen Wettkampf kannst du dort ausüben, wo du prima im Wasser stehen kannst. Zwei Mannschaften treten als Staffeln gegeneinander an und rennen im Wasser um die Wette. Wer schwimmt, wird disqualifiziert.

094 ALTES RAUFSPIEL: HAHNENKAMPF

Zwei Spieler mit vor der Brust verschränkten Armen hüpfen bei diesem Kampfspiel auf einem Bein und versuchen, den Gegner aus dem Gleichgewicht zu bringen. Verloren hat, wer auf dem Hintern landet, beide Beine benutzt oder das Hüpfbein wechselt.

❖ ❖ ❖

095 DER LÄNGSTE LAUFWETTBEWERB

Ein Marathon ist ungefähr 42,2 Kilometer lang und damit für alle Läufer, die diese Distanz zurücklegen, eine ganz schöne Strapaze. Es geht aber noch härter: Der längste jemals ausgetragene Laufwettbewerb aus dem Jahr 1929 führte über sagenhafte 5.850 Kilometer. Etwa 100 Teilnehmer wollten damals die Strecke von New York nach Los Angeles laufen – die Entfernung entspricht 138 Marathon-Läufen. Tatsächlich schafften es 31 Läufer ins Ziel. Der Gewinner Johnny Salo brauchte dafür fast 526 Stunden. Der Zweite kam übrigens keine drei Minuten nach ihm ins Ziel.

096 KOPFRECHNEN MIT DARTS

Natürlich gibt es Schöneres als Mathematik. Doch sag das mal deinem Mathe-Lehrer! Wenn du Schwierigkeiten im Kopfrechnen hast, solltest du Darts spielen. Schließlich musst du beim Pfeilewerfen gut rechnen können, damit du so schnell wie möglich von 501 oder 301 Punkten (je nach Spielvariante) auf 0 kommst. Am einfachsten ist es dabei, zunächst die Punkte deiner drei Würfe zusammenzuzählen – und diese Zahl dann von deiner Ausgangszahl abzuziehen.

Ein Beispiel: Nach der ersten Runde lagst du bei 441 Punkten und hast nun zweimal in die 20 getroffen und einmal die Doppel-13. Also addierst du deine drei Würfe (20 + 20 + 2 x 13), freust dich über 66 und ziehst diese Zahl dann von der 441 ab (entweder erst die Einser abziehen, dann die Zehner – oder umgekehrt). Somit kommst du auf ein Ergebnis von 375 Punkten für die nächste Runde. Aufpassen musst du natürlich immer gegen Schluss einer Partie, da das Spiel ja erst zu Ende ist, wenn du glatt auf 0 kommst – und am Ende in eines der Doppelfelder (im äußeren rot-grünen Ring) triffst.

Du solltest am besten rechtzeitig überlegen, wie du auf ein gerades Doppelfeld kommst, das dir besonders zusagt. Wenn du etwa dein Spiel gerne mit einem Wurf in das Doppel-20-Feld beschließen möchtest (weil du besonders gut in dieses Feld triffst), müsstest du entsprechend 40 von deiner Ausgangspunktzahl abziehen. Angenommen, du hast 71 Punkte. Dann würdest du eine 15 und eine 16 (oder eine Doppel-15 und eine 1) versuchen, um auf 40 Punkte zu kommen, ehe du dann mit einer Doppel-20 abschließt.

Die Profispieler, die du im Fernsehen sehen kannst, müssen nach vielen Jahren an der Darts-Scheibe nicht mehr wirklich rechnen – sie kennen die häufigsten Kombinationen auswendig. Ob sie deshalb auch gut in Mathe waren? Der mehrfache Darts-Weltmeister *Phil Taylor* hat sich jedenfalls für ein spezielles Mathe-Trainingsprogramm an englischen Schulen engagiert. Begründet hat er das so: »Ich war als Kind nie besonders gut im Rechnen, aber durch das Darts-Spielen hat sich dieses geändert. Wenn man mich heute fragt, wie viel 5 mal 15 sind, dann denke ich an Doppel-15 plus Triple-15, also ist das Ergebnis 75.«

097 BOSSELN

Boßeln ist ein in Friesland verbreitetes Spiel, das dort getreu der Maxime »Der Friese lernt zuerst das Laufen und dann das Boßeln« von Generation zu Generation weitergegeben wird. Bei diesem Mannschaftsspiel dreht sich alles um eine Kugel aus Holz oder Gummi, die über die Straße geworfen wird – die Wurftechnik erinnert an Kegeln mit mehr Körpereinsatz. Was anders ist: Die Kugel kommt nicht wieder wie bei der Kegelanlage zu dir zurück, sondern muss stets von dem Punkt, an dem sie liegen geblieben ist, weiter geworfen werden.

Ein Boßel-Team besteht üblicherweise aus fünf Spielern, die bei einem Wettkampf gut und gerne 10 Kilometer per Fuß absolvieren. Aus diesem Grund findet Boßeln auch oft auf abgesperrten Straßen und Strecken statt. Die Zuschauer sind aber auch nicht gerade faul und begleiten die Spieler bei ihren Wurfversuchen, das kann schon mal mehr als zwei Stunden dauern. Die Mannschaft, die mit weniger Würfen die Strecke zurücklegt, gewinnt. Boßel-Gruppen gibt es übrigens längst nicht nur in Friesland – vielleicht ja sogar in deiner Nähe?

Wenn du selber einmal im Gelände etwas Boßel-Feeling erleben möchtest, sei dir *Cross-Boccia* ans Herz gelegt (mehr zu diesem Spiel auf Seite 133). Noch älter als das Boßeln ist übrigens das *Klootschießen*. Bei diesem Wettkampf, der traditionell auf überfrorenen Weiden stattfindet, wird eine dicke, schwere Holzkugel hoch und weit geworfen (weshalb Mitspieler und Zuschauer auch immer sehr gut aufpassen müssen, denn von so einer Kugel möchte man nicht wirklich getroffen werden). Früher war es sogar verbreitet, nur mit langer Unterhose und Unterhemd zum Klootschießen anzutreten. Diese Kleidungsvorschriften klingen aber eher nach Party auf der Klassenfahrt als nach einer ernsthaften Sportveranstaltung.

098 **TOASTBROT VOM RADPROFI**

Ein spannendes Experiment fand im Jahr 2015 statt. In einem Labor sollte herausgefunden werden, ob ein Radfahrer mit der Kraft seiner Beine ausreichend Strom erzeugen kann, um einen Toaster zu betreiben. Der Bahnradsportler und Olympiamedaillengewinner *Robert Förstemann* (ein Sprintspezialist mit 74 cm Oberschenkelumfang – du kannst ja mal deinen zum Vergleich ausmessen…) wollte es wissen.

Durchschnittlich musste er 700 Watt erzeugen, damit das Toastbrot im Toaster gebräunt wird. Keine zwei Minuten trat Förstemann wie ein Wahnsinniger in die Pedale, bis das Weißbrot aus dem Toaster hüpfte. Was das Experiment auch zeigte: Es braucht 43.000 Roberts, um ein Flugzeug zum Fliegen zu bringen.

099 BEUTEZUG

 Ein schönes und einfaches Wettlaufspiel: Zunächst bildet ihr zwei Teams. Dann verteilt ihr auf einem Spielfeld so viele Gegenstände, wie es Mitspieler in einem Team gibt. Als Gegenstände könnt ihr Jacken, Mützen oder Rucksäcke nehmen – was ihr halt gerade so zur Hand habt. Im nächsten Schritt begeben sich beide Mannschaften zu ihrer Grundlinie. Auf Kommando laufen dann beide Teams los. Wer zuerst an einem Gegenstand ist, bekommt ihn. Sind zwei Spieler gleichzeitig an einem Gegenstand, bekommt ihn keiner. Es gewinnt die Partei, die die meisten Gegenstände hat. Wichtig ist, dass nicht um die Gegenstände gekämpft werden darf. Ihr könnt vorher festlegen, wie viele Beutezug-Runden es geben soll. Gezählt werden die Sieger pro Runden.

❖ ❖ ❖

100 SPIELE MIT DEM TENNISBALL

 Mit einem Tennisball kann man allerlei anstellen. Nürnberger Fußballfans zum Beispiel, die in der Bundesliga gegen Spielansetzungen am unbeliebten Montagabend protestieren wollten, haben einmal gleich Hunderte von Tennisbällen auf das Spielfeld geworfen und so für eine Unterbrechung der Begegnung gesorgt. Du kannst mit einem Tennisball natürlich auch prima Fußball spielen, vor allem auf harten Böden, wie sie die allermeisten Schulhöfe besitzen. Doch ein Tennisball lässt sich darüber hinaus mit etwas Kreativität für eine Vielzahl weiterer Spiele einsetzen. Ein paar Beispiele:

Weitwurf!
Jeder Spieler muss den Tennisball so weit werfen, wie er kann.

Zielen!
Die Spieler werden in zwei Mannschaften aufgeteilt und müssen versuchen, ihren Ball so nah wie möglich an eine Zielkugel zu werfen.

Ausstopfen!
Die Spieler müssen so viele Tennisbälle wie möglich in ihre Kleidung stopfen.

Laufen!
Jeder muss sich einen Tennisball in die Kniebeuge klemmen und dann möglichst schnell eine bestimmte Strecke laufen. Der Ball darf natürlich nicht herunterfallen.

Schießen!
Die Teilnehmer müssen mit dem Ball Büchsen treffen und abschießen.

101 TIPP VOM PROFI

»Gehe nicht da hin, wo der Puck ist.
Gehe da hin, wo der Puck sein wird.«

—

Wayne Gretzky, Eishockeylegende

102 LINIENBALL

Bei diesem Spiel für zwei Mannschaften dreht sich vieles ums Werfen. Es ist egal, wie groß oder schwer der Ball ist – Hauptsache, er fliegt gut durch die Lüfte. Ihr müsst euren Sportlehrer also nicht fragen, ob ihr euch mal Medizinbälle ausleihen könnt.

Das Spielfeld benötigt zwei Grundlinien, die Spielfeldgröße hängt von der Anzahl der Mitspieler ab. Die Teams stellen sich hinter ihrer Linie auf. Der Ball liegt in der Mitte des Spielfelds. Beide Mannschaften starten auf ein Signal gleichzeitig. Der Spieler, der zuerst am Ball ist, darf den Ball werfen. Ziel ist es, den Ball hinter die Linie des Gegners zu werfen – dabei darf der Ball nicht den Boden berühren. Die Gegner versuchen, den Ball abzufangen. Wer den Ball fängt, muss von der Stelle aus werfen, wo er den Ball gefangen hat. Der Spieler, der den Ball in Händen hält, darf nicht angegriffen werden. Sobald der Spielball aufkommt, wechselt das Wurfrecht. Dabei muss der Ball von dem Punkt gespielt werden, wo er aufgekommen war. Für jeden Ball, der hinter die Linie des Gegners geworfen wird, gibt es einen Punkt.

Mögliche Varianten: 1) Der Ball darf nur geschossen oder gerollt werden. 2) Die Spieler dürfen nur krabbeln und den Ball im Knien werfen und fangen.

103 DIE BESTE SCHACH-DOKU

Bobby Fischer aus den USA wurde 1958 mit 15 Jahren erstmals Schachweltmeister und brach daraufhin die Schule ab. Noch legendärer aber war sein WM-Sieg 1972: Im »Match des Jahrhunderts« besiegte er Titelverteidiger Boris Spasski aus der Sowjetunion. Viele Menschen sahen in ihrem Duell einen Stellvertreterkampf der beiden damaligen Supermächte, die sich im sogenannten »Kalten Krieg« gegenüberstanden. Doch das Schachgenie verlor nach und nach den Bezug zur Realität. In dem Dokumentarfilm »*Zug um Zug in den Wahnsinn – die Legende Bobby Fischer*« kannst du diese ungewöhnliche, ziemlich tragische Sportlerkarriere nachvollziehen. (ab 12 Jahren)

Ein Tamburello-Feld für die klassische Outdoor-Variante: kein Netz, ziemlich viel Platz. In Italien, der Heimat dieses Sports, findet man solche Sportflächen in vielen Dörfern und Städten.

104 **TAMBURELLO**

Sport mit Musikinstrumenten? Manche Eltern sagen, dass »Free-Jazz« so etwas Ähnliches ist (du kannst ja mal nachfragen, wie deine Eltern das sehen). Es gibt aber einen Sport, der den Anschein erweckt, als ob er mit einem Musikinstrument gespielt wird: *Tamburello*.

Tamburello kommt aus dem Italienischen und bezeichnet eine Handtrommel, die so ähnlich aussieht wie ein Tamburin. Allerdings wird sie nicht dazu verwendet, Rhythmen zu spielen, sondern dient als Schläger, um nach tennisähnlichen Regeln einen Ball auf einem in zwei Hälften geteilten Feld hin- und herzuspielen – in den meisten Fällen über ein in der Mitte gespanntes Netz. Früher waren Tamburelloschläger aus Holz und mit Eselshaut bespannt, mittlerweile werden sie aus Kunststoff hergestellt.

Heute gibt es vier Spielvarianten. Beim klassischen Tamburello stehen fünf Spieler pro Team auf dem Platz, einem großen rechteckigen Feld an der frischen Luft, das ohne Netz auskommt. In der Halle treten je drei Spieler gegeneinander an und spielen über ein Netz, am Strand sind es Einzel oder Doppel. Auch beim *Tambourelli*, das auf einem kleineren Badminton-Feld mit Federball gespielt wird, stehen sich Einzel- oder Doppelspieler gegenüber – ebenfalls mit Netz in der Mitte.

Wenn du kein Tamburello hast, versuche es doch einfach mal mit Frisbees oder anderen Scheiben, mit denen sich ein Ball gut schlagen lässt. Auch bei den Bällen kannst du verschiedene Größen und Gewichtsklassen ausprobieren.

RÜCKSCHLAGSPORTARTEN SORGEN FÜR DURCHBLICK

Immer wieder mal sprechen Sportreporter davon, dass dieser Athlet oder jene Athletin über ein »gutes Auge« verfügt. Das klingt nach einer dahergesagten Floskel, der man nicht allzu viel Beachtung schenken muss. Doch es gibt Sportarten, in denen die optische Wahrnehmung außerordentlich wichtig ist. Fachleute sprechen vom »Bewegungssehen« oder dem »dynamischen Sehen«, das insbesondere bei den schnellen Ball- und Rückschlagspielen eine bedeutende Rolle spielt. Bei Tennis oder Tischtennis müssen die Spieler die Flugkurven des Balles wahrnehmen und den Ball zudem im richtigen Moment an der richtigen Stelle treffen. Der Tischtennisprofi *Timo Boll* hat in einem Interview einmal erklärt, dass er häufiger Sehtests gemacht hat, bei denen es um das dynamische Sehen geht. Bei diesen Tests hat er überdurchschnittlich gut abgeschnitten, weil sein Auge durch das Tischtennisspielen extrem trainiert werde. Es gibt Untersuchungen, die zeigen, dass Spitzensportler aus den Rückschlagsportarten (wie Tennis, Volleyball, Badminton, Baseball) deutlich bessere Sehfähigkeiten aufweisen als Sportler aus Mannschafts- und Individualsportarten oder Nicht-Sportler.

Hier ein paar Übungen, mit denen du deine Augen-Körper-Koordination verbessern kannst.

105 *Fußball-Jonglage*

Für diese Übung brauchst du einen Mitstreiter, ein paar Jonglierbälle sowie einen oder mehrere Fußbälle, die unterschiedlich schwer oder groß sein können. Während du mit zwei oder drei Bällen jonglierst, passt dir dein Spielpartner einen Ball zu, den du mit dem Fuß zurückspielen musst, während du weiter mit den Händen jonglierst. Noch schwerer ist es, den Ball mit dem Fuß hochzuhalten, während du jonglierst. Dann jonglierst du parallel mit Händen und Füßen.

106 *Buchstaben-Tennis*

Dafür benötigst du lediglich einen Tennisball. Bei dieser Übung schulst du deine Augen, indem du einen in die Luft geworfenen Tennisball genau verfolgst. Am besten wirfst du einen Ball in hohem Bogen von der einen in die andere Hand. Achte dabei genau darauf, wie sich der Ball in der Luft dreht. Dafür kannst du einen bestimmten Punkt auf dem Ball fixieren. Einfacher ist das, wenn du einen großen Buchstaben auf den Ball malst. Wenn der Ball in der Luft ist, schaust du nun besonders auf diesen Buchstaben. Du kannst den bemalten Ball auch mit dem Tennisschläger hochhalten und ganz genau im Auge behalten.

107 Handball-Trampolin

Neben einem Trampolin brauchst du für diese Übung noch zwei Mitspieler, einen Ball und eine Karte oder ein Stück Papier, auf die du vorher Buchstaben oder Zahlen in unterschiedlicher Größe gemalt hast. Das sollte so ähnlich aussehen wie beim Sehtest beim Augenoptiker. Während du nun auf dem Trampolin hüpfst, wirfst du einem Mitspieler den Ball zu, der ihn wieder zurückpasst. Dabei blickst du immer wieder zum anderen Helfer, der den Zahlen- oder Buchstabenzettel hochhält, und liest das Gesehene laut vor.

108 Farben-Basketball

Hier benötigst du zwei Mitspieler, einen Basketball, einen Korb und mehrere Karten mit verschiedenen Farben (du kannst das also prima mit Schiedsrichtern üben, die Gelbe und Rote Karten dabeihaben). Die beiden Mitspieler stehen neben dem Korb und halten in dem Moment die Karten kurz hoch, in dem du den Ball in den Korb wirfst. Deine Augen bleiben dabei auf das Ziel gerichtet, während du die Farben der Karten aus den Augenwinkeln wahrnimmst und benennst. Je weiter die Kartenhalter vom Basketballkorb entfernt stehen, umso schwieriger wird die Übung. Natürlich könnt ihr auch variieren, wie lange die Karten hochgehalten werden.

Baseball gehört zu den Sportarten, bei denen es ganz entscheidend auf die Augen-Körper-Koordination ankommt.

109 DAS FUSSBALLSPIEL MIT DEN MEISTEN TOREN

Im Jahr 2002 besiegte die Mannschaft von AS Adema den Liga-Rivalen Stade Olympique l'Emyrne in Madagaskar mit 149:0. Grund für dieses etwas einseitige Ergebnis war, dass die Spieler von Stade Olympique l'Emyrne sehr oft ins eigene Tor schossen. Das hatte ihnen der Trainer befohlen, nachdem er sich sehr über eine Schiedsrichterentscheidung geärgert hatte. Anscheinend war das Vertrauensverhältnis von Spielern und Trainer ganz hervorragend. Denn die Spieler trafen fleißig ins eigene Tor, während der Gegner staunend zusah.

110 GROSS RAUSKOMMEN: LIONEL MESSI

Lionel Messi zählt zu den ganz Großen im Weltfußball. Dabei hat er seine Karriere nicht zuletzt medizinischer Nachhilfe zu verdanken. Messi stammt aus der argentinischen Stadt Rosario, wo er schon in jungen Jahren als begnadeter Dribbler für Furore sorgte. Die Sache hatte einen Haken: Im Alter von 13 Jahren war Messi nur 1,43 Meter klein. Wenn er sich auf eine Waage stellte, weigerte sich die Anzeige, die 40-Kilogramm-Marke zu übertreffen. Ärzte erkannten eine Wachstumsstörung. Die Therapie hätte jedoch viel Geld gekostet, das die Eltern von Lionel nicht aufbringen konnten. In Zeiten der Wirtschaftskrise wanderte die Familie nach Spanien aus, genauer gesagt nach Barcelona. Dort wurde der heimische Spitzenklub FC Barcelona auf das Talent aufmerksam und bezahlte der Familie eine Wachstumstherapie. Jahrelang erhielt Lionel Messi Hormonspritzen. Mit 16 Jahren spielte er zum ersten Mal für die Profimannschaft seines berühmten Clubs, mit 17 erzielte er den ersten Treffer in der Primera División. Es sollten noch einige folgen.

Doch abseits aller Traumtore, die Messi in seiner Laufbahn erzielt hat, jenseits aller Tempodribblings, bei denen er seinen Gegenspielern Knoten in die Beine spielte, sind mit seiner Geschichte auch kritische Fragen verbunden. Ist es gut, wenn Profivereine Kinder unter Vertrag nehmen – erst recht, wenn diese aus ganz anderen, oftmals armen Ländern kommen? Darf man Kinder überhaupt einer Situation ausliefern, in der der Verlauf ihrer Fußballerlaufbahn über das Wohl ganzer Familien entscheidet? Die Hilfsorganisation Foot Solidaire schätzt, dass jährlich bis zu 15.000 junge Afrikaner ihre Heimatländer verlassen, um in Europa oder Asien Fußball zu spielen. Den wenigsten von ihnen gelingt das, was Lionel Messi geglückt ist: eine erfolgreiche Profilaufbahn.

111 FRAGE UND ANTWORT MIT BALL

Der Sport ist ideal, um Dinge miteinander zu verbinden, die auf den ersten Blick nur wenige Gemeinsamkeiten haben. Man denke beispielsweise an *Schach-Boxen*. Ja, diese Sportart gibt es wirklich. Dabei stehen sich zwei Kontrahenten gegenüber, die erst ihre Fäuste im Ring fliegen lassen und danach Bauern- und Läufer-Figuren über das Schachbrett ziehen.

Das Frage-und-Antwort-Ball-Spiel ist aber deutlich einfacher (und hoffentlich auch weniger schmerzhaft). Es eignet sich für mehrere Mitspieler, benötigt wird lediglich ein Ball. Jeder Mitspieler übernimmt einmal die Aufgabe des Fragestellers. Dieser wirft der Reihe nach jedem Spieler den Ball zu und will etwas wissen wie zum Beispiel: »Nenn mir einen Bundesligaverein, der mit A beginnt?« »Ein Radsportler-Nachname mit G?« »Ein Eishockeyspieler mit S?«

Der Fantasie sind keine Grenzen gesetzt. Natürlich kannst du auch wie beim bekannten »Stadt-Land-Fluss«-Spiel ganz unterschiedliche Kategorien ausprobieren.

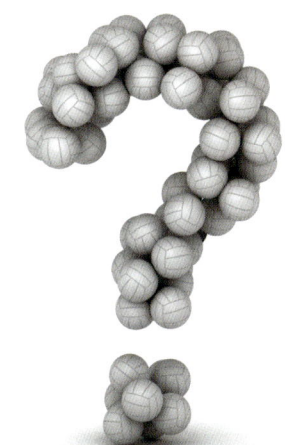

Für jede richtige Antwort gibt es einen Punkt. Weiß jemand keine Antwort oder sagt etwas Falsches, bekommt der Fragende eine Chance, einen Punkt zu machen. Der Antwortende bildet mit den Armen über seinem Kopf einen Kreis. Der Fragesteller muss nun den Ball durch den Kreis werfen. Gelingt ihm das, erhält er einen Punkt. Es werden alle Punkte aufgeschrieben. Nachdem jeder einmal Fragesteller war, wird zusammengerechnet.

112 SYNCHRONSCHWIMMEN

Synchronschwimmen ist eine Art Ballett im Wasser. Vielleicht hast du es schon mal im Fernsehen bei den Olympischen Spielen gesehen, wenn allerlei Beine und Arme in komplizierten Posen und Choreografien aus dem Wasser ragen. Seit 1984 gibt es bei den Olympischen Spielen Medaillen für die besten Synchronschwimmerinnen. In den Jahren zuvor, von 1948 bis 1968, stand es nur als sogenannte Demonstrationssportart im Programm. Wer meint, dass Synchronschwimmen ein typischer Frauensport ist, irrt. 1891, als es in Berlin den ersten Wasserballett-Wettkampf gab, war diese kraftzehrende, komplexe Sportart nur den Männern vorbehalten.

Wenn du das nächste Mal im Schwimmbad bist, kannst du ja auch mal ein paar Gymnastikübungen im Wasser machen – du wirst sehen, dass das alles andere als einfach ist.

RICHTIG ROLLERN

 Tretroller und Scooter sind als Fortbewegungsmittel ziemlich angesagt, weil man mit ihnen umweltfreundlich und schnell (nicht nur) in der Stadt unterwegs ist. Doch so leicht wie das Rollerfahren auch für Außenstehende aussehen mag, ist es in der Realität nicht. Mancher ist nach der Premierenfahrt erstaunt, wie anstrengend das Ganze sein kann. Die gute Nachricht: Übung lohnt sich. Denn Tretrollerfahren fördert Kondition, Fitness und Kraft.

Wenn du einen lauffreudigen Hund hast: Beim Schlittenhunderennsport gibt es eine eigene Scooter-Disziplin. Dafür gibt es spezielle Tretroller, mit denen man gut und sicher durch unterschiedlichstes Gelände kommt.

Diese grundlegenden Tipps sollten auch Anfängern den Ein- bzw. Aufstieg erleichtern:

113 *Die richtige Position*

Je weiter die Strecken sind, die du zurücklegst, umso wichtiger ist ein angenehmes Roller-Handling. Rücken und Arme sollten möglichst gerade, aber auch entspannt sein. Verkrampfen ist uncool. Beim Einstellen der Lenkerhöhe kannst du dich an der Faustformel »Lenkerhöhe = Schritthöhe + 5 cm« orientieren.

114 *Richtig abstoßen*

Beim Abstoßen mit dem Schwungbein musst du darauf achten, dass nur der vordere Teil deines Fußes den Boden berührt. Die Ferse bleibt schön oben.

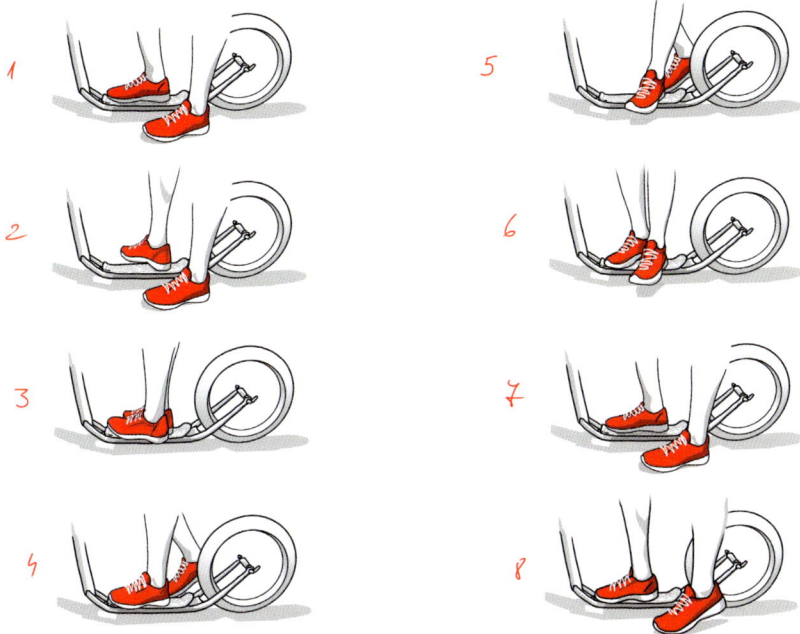

115 *Regelmäßig das Bein wechseln*

Das Tempo beim Rollerfahren wird durch deine Beine erzeugt. Dabei empfiehlt es sich, dass du die Belastung aufteilst und regelmäßig das Schwungbein wechselst. Das ist am Anfang gar nicht so einfach, wie es klingt, schließlich haben die meisten ja wie beim Fußball einen stärkeren linken oder rechten Fuß. Probiere es einfach mit regelmäßigen Beinwechseln. Durch gezieltes Training kannst du dein schwächeres Bein dem stärkeren angleichen. Bei flachen Strecken kannst du nach sechs bis zehn Antritten das Bein wechseln. Wenn es steiler bergauf geht, kannst du die Belastung schon früher ausgleichen und nach drei Tritten wechseln. Teste einfach, welche Frequenz dir persönlich am besten passt. Solange du den Fußwechsel nicht vergisst…

116 *Sicherer Trittwechsel*

Die Trittflächen auf den zahlreichen verschiedenen Roller- oder Scooter-Modellen sind unterschiedlich groß, aber nie so groß, dass eine Großfamilie Platz darauf fände. Um den zur Verfügung stehenden Raum beim Wechsel deines Schwungbeines gut auszunutzen, gibt es mehrere Techniken. Weit verbreitet und vielfach bewährt ist der Wechsel über die Ferse (wie oben in der Zeichnung illustriert). Dabei tauschst du das Standbein, indem du deinen Fuß zur Seite drehst. Die Bewegung kommt dabei aus der Ferse – die Spitze des Fußes ist nun nicht mehr auf dem Brett. Im nächsten Schritt setzt du den Ballen des anderen Fußes auf den frei gewordenen Platz und verlagerst das Gewicht auf den neuen Ballen. Dann setzt du die »alte« Ferse ganz ab und setzt dafür den ganzen »neuen« Fuß aufs Brett, indem du die Ferse eindrehst. Du kannst den Ablauf auch ohne Roller auf dem Fußboden trainieren.

117 BALL AN DIE WAND

Für diesen Zeitvertreib braucht es eine Außenwand. Wichtig ist natürlich, dass diese Wand es verträgt, wenn sie mit Bällen beworfen wird. Und auch, dass Fenster mit Scheiben nicht in allzu großer Nähe sind (ansonsten: siehe Seite 122). Wie immer gilt: Solltest du dir unsicher sein, frag lieber vorher kurz deine Eltern oder Großeltern, ob es okay ist.

Dieses Geschicklichkeitsspiel kann man praktischerweise alleine machen – es funktioniert aber auch für mehrere Spieler. Die Grundidee besteht darin, verschiedene Wurftechniken zu kombinieren, die nacheinander zu absolvieren sind.

Ein Beispiel für eine mögliche Wurffolge:
    1) Den Ball an die Wand werfen und auffangen.
    2) Den Ball werfen, dreimal in die Hände klatschen, den Ball fangen.
    3) Den Ball unter der Kniekehle hindurchwerfen und fangen.
    4) Den Ball mit der linken Hand werfen und der rechten Hand fangen.
    5) Den Ball mit der rechten Hand werfen und der linken Hand fangen.
    6) Den Ball werfen, einmal um die eigene Achse drehen, den Ball fangen.

Der Ball darf bei keiner der Aufgaben auf dem Boden aufkommen.

Sobald eine Reihenfolge festgelegt wurde, kannst du auch einen kleinen Wettbewerb daraus machen. Für jede erfolgreiche Übung gibt es einen Punkt, für jeden Fehler einen Punktabzug. Am Ende siegt derjenige, der am meisten Punkte hat.

118 TRET-HOCKEY

Bei dieser Hockey-Variante für zwei Spieler sind eine Holzscheibe und Stöcke vonnöten. Für das Spielfeld brauchst du zwei Tore, die mit Jacken oder Schulranzen markiert werden können. In die Mitte des Spielfelds kommt nun eine Holzscheibe, die als Puck fungiert. Beide Spieler gehen zu ihren Toren und laufen nach einem Startkommando zur Mitte. Wer zuerst seinen Fuß auf die Scheibe setzt, darf nun als Erstes mit seinem Schläger schießen. Sobald der Puck fliegt, dürfen beide Spieler laufen. Derjenige, der dann wiederum als Schnellster seinen Fuß auf die Scheibe setzt, darf den nächsten Schuss abgeben. Wenn ein Tor fällt, kommt der Puck wieder in die Mitte – und das Spiel beginnt von vorne. Statt einer Holzscheibe kannst du natürlich auch andere scheibenförmige Gegenstände mit guten Flugeigenschaften nehmen.

119 EINE TORWAND BASTELN

 Die Torwand aus dem Fernsehen dürften einige von euch kennen, die samstagabends schon mal das »*ZDF-Sportstudio*« gesehen haben. So eine Torwand ist prima dazu geeignet, die Zielgenauigkeit beim Fußball zu trainieren. Und man kann sich so eine Torwand sogar mit recht einfachen Mitteln selber basteln.

Wenn du Eltern oder Großeltern hast, die gerne in den Baumarkt fahren, macht ihr einen kleinen Ausflug dahin und besorgt euch dort eine 2,5 x 1,5 Meter große Spanholzplatte. Zu Hause musst du links oben und rechts unten dann ein Loch in die Platte sägen, das so groß ist, dass dein Lieblingsfußball auch gut hindurchpasst. Vielleicht helfen dir deine Eltern beim Aussägen.

Noch einfacher ist es, eine Torwand mit Kreide an eine Wand zu malen. Oder ihr hängt einfach an den Ästen eines Baums zwei Fahrradreifen auf, durch die ihr hindurchschießen oder -werfen müsst. Auch Blecheimer oder ähnliche Gegenstände lassen sich als Zielscheiben verwenden. Und wer weiß: Wenn du viel übst, landest du vielleicht eines Tages auch im Fernsehen und schießt samstagabends auf die Torwand.

120 WASSERLAUFEN

  Für dieses erfrischende Laufspiel brauchst du zwei Mannschaften und vier Eimer. Jede Mannschaft bekommt zwei Eimer. Der eine ist mit Wasser gefüllt, der andere mit Luft (er ist also leer). Jede Mannschaft hat eine gleich lange Laufstrecke mit einer Wendemarke zu absolvieren. Der erste Läufer macht sich mit dem wassergefüllten Eimer auf den Weg, rennt zur Wendemarke, umrundet sie und läuft zum Startpunkt zurück. Dann schüttet er das Wasser in den leeren Eimer und übergibt ihn dem nächsten Läufer seines Teams, woraufhin nun dieser mit dem frisch gefüllten Eimer losrennt. Das geht so lange, bis alle Spieler einmal an der Reihe waren. Am Ende gibt es einen Punkt für das schnellste Team – und einen Punkt für das Team, das zum Schluss noch am meisten Wasser im Eimer hat. Am besten spielt ihr mehrere Runden, bis ein Sieger feststeht.

121 MOTIVATIONSHILFE

»Du darfst niemals am Boden bleiben.
Steh auf und mach weiter!«
—
Max Schmeling, Boxer

122 NOCH MEHR ZU RECHT VERGESSENE SPORTARTEN

Eis-Tennis
Achtung, Knochenbruchgefahr! Beim Eis-Tennis waren die Spieler auf Schlittschuhen unterwegs, um den Ball über ein Netz zu spielen.

Fahnenmastsitzen
Bei diesem bewegungsarmen Sport geht es um ausdauerndes Sitzen. Die Besten dieses Faches verharrten mehr als eine Woche auf einem Mast.

Kanonenbaseball
Der britische Mathematiker Charles Howard Hinton baute für ein Baseball-Team eine mit Schießpulver betriebene Baseballwurfmaschine. In der Praxis ergaben sich einige Probleme: So war die Maschine viel zu laut und ließ die Spieler regelmäßig erschrocken zusammenzucken.

123 WARUM GEGENWIND FÜR EINEN SPORTLER AUCH TOLL SEIN KANN

Radfahrer sind gemeinhin nicht allzu gut auf Gegenwind zu sprechen, bedeutet er doch, dass sie noch kräftiger in die Pedale treten müssen, um die Geschwindigkeit hochzuhalten. Manche Sportler freuen sich aber regelrecht über Gegenwind. Dazu zählen insbesondere die Diskuswerfer. Bei Gegenwind fliegt ihr Wurfgerät viel weiter. Der Grund dafür liegt darin, dass ein Diskus durch die anströmende Luft deutlich stärker wie die Tragfläche eines Flugzeugs funktioniert.

124 STEH-HANDBALL

Wenn es draußen zu ungemütlich oder zu dunkel ist, kannst du dieses Handballspiel in den eigenen vier Wänden ausprobieren. Zwei leere Papierkörbe dienen als Tore. Die beiden Mannschaften versuchen nun, einen Tennisball in den Korb des Gegners zu werfen. Allerdings darfst du nur im Stehen werfen – nicht aus dem Lauf heraus! Ihr dürft euch natürlich freilaufen und beim Laufen versuchen, den Ball abzufangen. Für jeden Ball im Korb gibt es einen Punkt. Selbstverständlich kannst du das Steh-Handball-Spiel aber auch draußen ausprobieren.

125 PISSPOTT

Bei diesem waschechten Schulhofklassiker dreht sich alles um die Frage, wer wem zuerst auf die Füße steigt. Zwei Spieler stellen sich mit ein paar Metern Abstand gegenüber auf. Ein Spieler beginnt und setzt seinen einen Fuß direkt vor den anderen und sagt dabei: »Piss«. Danach ist sein Gegenüber an der Reihe, setzt seinen Fuß vor den anderen und erwidert: »Pott«. Die beiden gehen in dieser Form so lange aufeinander zu, bis ein Spieler schließlich seinen Fuß auf den des anderen setzt. Dieser Spieler hat gewonnen und darf sich darüber in der anschließenden Kunst-Unterrichtsstunde ausgiebig freuen. Oder ihr nutzt das Spielchen, um zu ermitteln, wer bei der Wahl einer Mannschaft beginnen darf.

Du kannst auch Sonderregeln vereinbaren. Zum Beispiel, dass jeder Spieler einmal seinen Fuß quer setzen darf.

126 ZAUBERHAFT: QUIDDITCH

Quidditch fällt aus dem Rahmen, ist er doch eine Erfindung der Schriftstellerin J. K. Rowling. In ihrer berühmten »Harry Potter«-Saga taucht der Sport mehrmals auf. Dennoch hat es der Teamsport tatsächlich in die Realität geschafft. Vereine auf der ganzen Welt treten beim Quidditch an. Dabei ist das Regelwerk dieser Sportart ungefähr so umfangreich wie ein »Harry Potter«-Band. Das merkt man schon an den Protagonisten und ihren Rollen.

Generell treten beim Quidditch sieben Spieler pro Mannschaft gegeneinander an: vier Jäger (einer davon gleichzeitig Hüter), zwei Treiber und ein Sucher. Auf dem Spielfeld gibt es insgesamt fünf Bälle. Der wichtigste ist der *goldene Schnatz*, den es vor dem gegnerischen Team zu finden gilt. Das bringt die höchstmögliche Wertung (nämlich 30 Punkte) und ist die Aufgabe des Suchers. Daneben gibt es noch drei *Klatscher*, mit denen die eigenen Treiber den Spielfluss der anderen Mannschaft durch Abwerfen stören könnnen, und einen *Quaffel*, mit dem die Jäger versuchen, Punkte zu erzielen, indem sie ihn durch die gegnerischen Torringe werfen. Der Job des Hüters ist es, eben das zu verhindern (Manuel Neuer dürfte das nicht unbekannt vorkommen). Meist ist das Spiel dann vorbei, wenn der Schnatz gefangen wurde.

Der reale und außerordentlich dynamische Quidditch-Sport hält sich also recht eng an die literarische Vorlage, indem er Elemente aus Handball, Völkerball und Rugby mixt. Statt eines Besens müssen die Spieler allerdings mit Kunststoffstangen hantieren, und der Schnatz ist ein kleiner Ball, der am Hosenbund oder Rücken des sogenannten Schnatzläufers befestigt ist. Dieser gehört zu keiner der beiden Mannschaften, sondern ist ein unparteiischer Spieler, der anhand seiner auffälligen Kleidung zu erkennen ist.

Wenn du Quidditch spielen möchtest, kannst du schauen, ob es vielleicht in der Nähe deines Wohnortes einen Verein dafür gibt. Ansonsten kannst du eines der Quidditch zugrundeliegenden Spielelemente ausprobieren und dich Schritt für Schritt an diese rasante und facettenreiche Teamsportart wagen.

127 *Das Quaffelspiel*

Zwei Teams versuchen, einen Spielball durch einen gegnerischen Torring zu befördern. Das ist von vorne und von hinten zulässig. Wenn ihr keinen Ring habt oder aufhängen könnt, nehmt ihr ein anderes Ziel. Wichtig ist, dass das Tor nicht auf der Aus-Linie steht und von allen Seiten zugänglich ist. Alle Spieler haben einen Besen zwischen den Beinen (einen Ast, einen Stock oder Ähnliches). Ein Tor bringt 10 Punkte. Die Spieler, die auf Torjagd gehen, heißen Jäger. Pro Mannschaft gibt es einen Hüter, der den Torring beschützt, aber selbst ebenfalls Tore erzielen darf. Der Hüter bringt den Quaffel nach einem erfolgreichen Torabschluss wieder ins Spiel. Der Ball darf mit den Händen getragen und gepasst werden. Ein Jäger kann ihn einmal auch kicken. Erlaubt ist, Gegnern den Ball aus den Händen zu stehlen. Verliert ein Spieler während des Spiels seinen Besen, muss er das ausführen, was beim Quidditch »K.O.-Prozedur« heißt:

den Ball fallen lassen (falls er ihn in der Hand hatte), vom Besen absteigen, mit dem Besen in der Hand zum eigenen Torring laufen, den Torring berühren, wieder aufsteigen und weiterspielen. Es gewinnt die Mannschaft, die nach einer festgelegten Spielzeit mehr Punkte erzielt hat. Als Variante des Quaffelspiels kann man festlegen, dass die Anzahl der Schritte mit dem Quaffel je nach Spielfeldgröße begrenzt ist.

128 *Das Klatscherspiel*

Der Aufbau ist identisch mit dem Quaffelspiel. Nun kommen allerdings die Klatscher dazu: Das sind Bälle, mit denen Spieler abgeworfen werden können. Diese Bälle sollten kleiner sein als der Spielball. Die von einem Klatscher getroffenen Spieler müssen daraufhin die bereits beschriebene K.O.-Prozedur durchführen. Nur der Hüter ist in der Zone rund um den Torring geschützt. Jedes Team bestimmt zwei Spieler, denen es erlaubt ist, mit den Klatschern Gegenspieler abzuwerfen. Diese sogenannten Treiber spielen nur noch mit den Klatschern, nicht mehr mit dem Quaffel. Normalerweise gibt es drei Klatscher auf dem Feld. Ein Treiber darf aber jeweils nur einen Ball haben. Auf dem Feld herumliegende Klatscher dürfen nicht bewacht werden. Die Trefferfläche besteht dabei aus Körper und Besen. Allerdings darf ein Klatscherball vorher nicht den Boden berührt haben. Die Treiber selbst können auch abgeworfen werden – es sei denn, sie fangen den Ball. Blockt ein Spieler einen Klatscher mit einem anderen Klatscher oder dem Quaffel ab, gilt er ebenfalls als nicht getroffen.

129 *Das Schnatzspiel*

Der Schnatz ist ein kleiner Ball, der am Hosenbund oder Rücken des Schnatzläufers befestigt wird. Ihr könnt zum Beispiel einen Tennis- oder Tischtennisball in eine (hoffentlich saubere) Socke stecken und am Hosenbund festmachen. Dieser Läufer gehört zu keinem der beiden Teams und hat auch keinen Besen. Er befindet sich zu Beginn des Spiels nicht auf dem Feld, sondern erst nach einer vorher festgelegten Spielzeit. Jedes Team bestimmt einen Sucher, der den Schnatz jagen darf. Ein erfolgreicher Schnatzfang bringt 30 Punkte – und beendet automatisch das Spiel. Die Sucher dürfen weder mit dem Quaffel noch mit den Klatschern spielen. Sie können jedoch durch Klatscher abgeworfen werden. Auch der Schnatzläufer darf die Besen der Spieler wegziehen, so dass diese die K.O.-Prozedur absolvieren müssen.

Im laufenden Spiel darf beliebig oft ein- und ausgewechselt werden. Dabei werden die Besen übergeben. Auch wenn Körperkontakt beim Quidditch erlaubt ist, empfiehlt es sich gerade für Anfänger, kontaktlos oder kontaktarm zu spielen.

Gespielt wird Quidditch ausdrücklich gemischtgeschlechtlich. Es gibt sogar Regeln, die besagen, dass jederzeit mindestens drei Spielerinnen pro Team auf dem Feld stehen müssen. Ein Grund mehr, das Spiel einmal im großen Freundeskreis auszuprobieren!

130 CENT-FUSSBALL

Cent-Fußball ist ein schöner Zeitvertreib, für den du einen Tisch, drei Geldstücke, einen Kamm oder ein Lineal benötigst. Ein Cent-Stück ist der Ball. Die beiden anderen Geldstücke sind die Spieler. Ziel ist es, den Ball mit Kamm oder Lineal in das Tor des Gegners zu bugsieren. Das Tor kann einfach das Tischende sein – oder mit weiteren Geldstücken oder pfostenähnlichen Gegenständen markiert werden. Es wird gelost, wer beginnen darf. Um den Ball ins Tor zu bekommen, muss er immer durch die beiden anderen Geldstücke gespielt werden. Wenn dir das gelingt, bist du noch mal an der Reihe. Ansonsten ist der Gegner dran.

Variante

Statt mit Kamm oder Lineal kannst du den Ball auch einfach mit dem Zeigefinger »schnippen«.

131 BALL UNTER DIE SCHNUR

Meistens geht es ja bei Spielen mit einem Netz darum, einen Ball oder ein Spielgerät über eben jenes Netz zu befördern. Doch es geht selbstredend auch anders – also drunter her.

Für dieses Spiel brauchst du zwei Mannschaften, ein Spielfeld, einen Ball und eine Leine. Es reicht eine einfache, befestigte Schnur aus, die man so aufhängt, dass man einen Ball unter ihr herspielen kann. Eine Netzhöhe von ca. 50 cm ist oft ideal. Jeweils 2 Meter von der Schnur entfernt gibt es eine Abwurflinie, hinter der nicht mehr geworfen oder gerollt werden darf – beides ist bei diesem Spiel erlaubt. Ziel des Spiels ist es, den Ball bis hinter die Grundlinie der gegnerischen Mannschaft zu befördern. Die Gegner versuchen jeweils, den Ball abzufangen. Einen Punkt gibt es für jedes Überqueren der Grundlinie. Ein Punktabzug ist fällig, wenn der Ball ins Seitenaus geworfen wird, wenn er über das Netz gespielt wird oder die Schnur berührt oder wenn der Werfer die Abwurflinie überschreitet. Du kannst das Spiel übrigens auch mit mehreren Bällen gleichzeitig starten. Das Spiel endet, wenn eines der beiden Teams eine vorher festgelegte Punktzahl erreicht.

Varianten

Statt den Ball zu werfen oder zu rollen, darf der Ball nur geschossen werden.
Um die Schwierigkeit zu erhöhen, kannst du in beiden Feldern
Dosen oder andere Gegenstände aufstellen, die nicht getroffen
(oder von der eigenen Mannschaft umgestoßen) werden
dürfen – sonst gibt es einen Punkt für den Gegner.

132 ALTE BALLSPIELE: IM KREISE

Die Spieler stehen im Kreis und geben einen Ball weiter. Kein Spieler darf übersprungen werden, allerdings kann nach Belieben die Richtung gewechselt werden. Ein Spieler läuft unterdessen außerhalb des Kreises und versucht, an den Ball zu gelangen. Gelingt es ihm, tauscht er die Position mit dem letzten Spieler aus dem Kreis, der am Ball war.

Varianten

Eine Variante ist der *Tigerball*: Nun ist der Läufer im Kreis –
der Ball kann beliebig geworfen werden.

Oder du probierst es als *Rollball*: Alle Spieler liegen auf dem Boden,
der Ball wird gerollt, ein Fänger krabbelt in der Mitte
und versucht, den Ball zu berühren.

133 WEITWURFDUELL

 Zur Leichtathletik gehören bekanntermaßen auch die diversen Wurfsportarten wie Speerwerfen oder Kugelstoßen, für die eine Menge Kraft benötigt wird. Auch den eigenen Garten oder einen Park kannst du in eine Leichtathletik-Arena verwandeln. Für das Weitwurfduell brauchst du nichts weiter als einen schweren Gegenstand, der sich mit richtig Krafteinsatz ein paar Meter weit werfen lässt, aber möglichst nicht so hart ist, dass sich jemand verletzen könnte, wenn er versehentlich getroffen wird. Natürlich musst du bei diesem Spiel trotzdem immer gut darauf achten, dass sich niemand im Weg befindet, wenn du wirfst.

An dem Wettkampf nehmen zwei Mannschaften teil. Am Anfang markierst du einen Start- und einen Zielpunkt. Zwischen diesen beiden Punkten sollte eine möglichst große Entfernung liegen, so dass man mehrere Würfe braucht, um diese Distanz zu überbrücken. Beide Mannschaften bestimmen im Voraus die Reihenfolge ihrer Spieler und sind dann abwechselnd an der Reihe. Es wird gelost, welches Team anfängt.

Der erste Spieler nimmt den Gegenstand und wirft ihn in Richtung Ziel. Der Punkt, an dem dieser liegen bleibt, wird markiert. Wichtig ist, dass der erste Kontakt mit dem Boden zählt – und nicht der Punkt, an den das Wurfgerät vielleicht noch weiterrollt. Der nächste Spieler der anderen Mannschaft nimmt nun den Gegenstand und darf ein paar Schritte Anlauf nehmen und von der Linie oder Markierung werfen. Das Team, das es schafft, den Gegenstand über die Ziellinie zu werfen, hat die Runde gewonnen und bekommt drei Punkte. Die andere Mannschaft bestimmt, wer die nächste Runde beginnt. Achtung: Bei jedem Wurf gilt eine Mindestweite, die unbedingt geschafft werden muss (z. B. ein oder zwei Meter), sonst bekommt das betreffende Team einen Strafpunkt. Gewonnen hat die Mannschaft, die zuerst 10 Punkte hat.

Wenn ihr einen geeigneten Gegenstand in doppelter Ausführung habt, könnt ihr das Weitwurfduell auch so spielen, dass beide Mannschaften ein eigenes Wurfgerät bekommen. Auch eine Spielvariante mit zwei Spielern statt zwei Teams ist denkbar.

134 TAUZIEHEN MIT STEINEN

 Für diese Variante des Tauziehens, die für zwei Mitspieler ist, brauchst du ein einfaches Seil und sechs Steine. Als Erstes verknotest du das Seil an den Enden. Hinter jeden der beiden Spieler legst du dann drei Steine. Nach dem Startkommando ziehen beide an dem Seil. Jeder versucht, so nahe an seine Steine heranzukommen, dass er sie mit einer Hand aufheben und in seine Hosentasche stecken kann. Wer zuerst seine drei Steine in der Tasche hat, ist Sieger. Wer keine Hosentasche hat, kann die Steine auch in der anderen Hand sammeln.

135 WAVEBOARD: WELLENREITEN IN DER STADT

 Es ist ein Mix aus Skateboard, Surfbrett und Snowboard: das Waveboard. Im Gegensatz zu den beiden letztgenannten Fortbewegungsmitteln braucht das Wellenbrett aber kein Gewässer und auch keine Schneelandschaft. Eine handelsübliche Straße reicht, weshalb das Waveboard-Fahren auch *Streetsurfen* genannt wird. Das Brett mit nur zwei Rollen (also halb so vielen wie ein Skateboard) ist ein vergleichsweise junges Funsportgerät – in Deutschland ist es beispielsweise 2007 auf den Markt gekommen.

Das Besondere beim Waveboarden ist, dass du das Brett durch Gewichtsverlagerung steuerst. Das Ganze erinnert dann an Wellenbewegungen (daher auch der Name…). Die beiden Platten, auf denen deine Füße stehen, sind unabhängig voneinander beweglich. Dadurch ist das Fahren auch nicht ganz so einfach. Mit Übung kannst du aber auch als Anfänger schnelle Fortschritte erzielen. Hier ein paar Tipps:

1. Die richtige Ausrüstung

Nicht nur Anfänger sollten sich wappnen: Ein Helm schützt den Kopf, Protektoren gibt es für Hände, Ellenbogen und Knie.

2. Korrekt stehen

Die meisten Waveboarder stehen mit dem linken Fuß vorne – »*Regular*« heißt das in der Fachsprache. Wenn der rechte Fuß vorne platziert ist, nennt man das »*Goofy*«. Das gilt übrigens auch für Surfbrett, Skateboard oder Snowboard. Bei den allermeisten Menschen verhält es sich so, dass sie in verschiedenen Brettsportarten am liebsten denselben Fuß vorne platzieren – bei einigen ist es aber auch unterschiedlich. Du musst also ausprobieren, womit du dich am wohlsten fühlst. Stelle dich einfach seitlich hin und bewege den Körper zu allen Seiten. Dann drehst du dich herum, so dass du mit dem anderen Fuß vorne stehst. Nun bewegst du dich wieder nach vorne und hinten, nach links und rechts. Der Vergleich sollte dir helfen, die für dich passende Fußposition zu bestimmen.

3. Auf ebenen Strecken fahren lernen

Ungeübte sollten ihre ersten Erfahrungen auf einer ebenen Strecke machen und keinesfalls auf einer steilen Tempo-Piste. Stell nun zum Anfahren den vorderen Fuß mittig auf die vordere Plattform deines Bretts. Wenn du mit den Zehen Druck ausübst, sollte sich das Board aufrichten. Nun holst du mit dem hinteren Fuß Schwung, indem du dich vom Boden abstößt. Anschließend ziehst du den hinteren Fuß auf die hintere Plattform des Boards. Es kann losgehen!

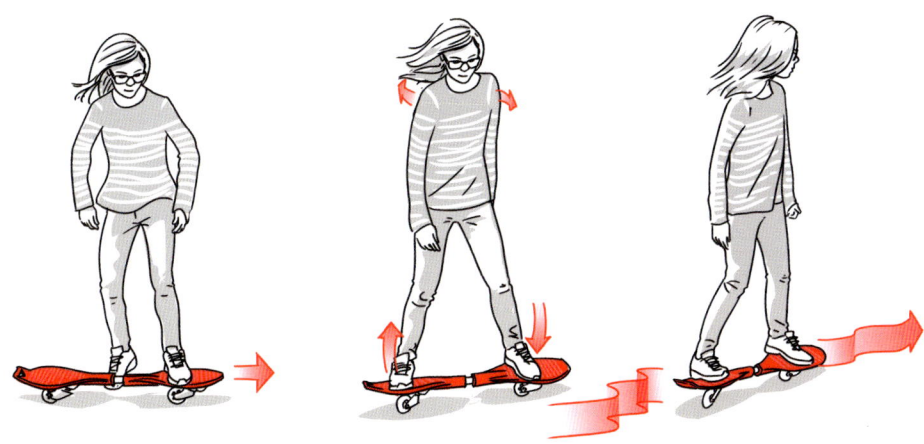

4. Alles eine Frage der Balance

Um das Waveboard sicher zu steuern, ist Gleichgewicht gefragt. Gehe leicht in die Knie und beuge die Schultern etwas nach vorne bzw. hinten. Indem du deine Schultern gleichmäßig aus der Hüfte heraus abwechselnd nach vorne und hinten drehst, erzeugst du die typischen wellenförmigen Bewegungen des Boards. Sobald du das Geradeausfahren beherrschst, kannst du dich an die Kurventechnik wagen. Um abzubiegen, musst du dein Körpergewicht verlagern. Wenn du nach links abbiegen möchtest, verlagerst du dein Gewicht entsprechend auf die linke Seite. Achte darauf, das Gewicht langsam zu verlagern, damit du saubere und lange Kurven fahren kannst. Achte auch auf deine Fußspitze bzw. Ferse: Durch Druck auf die Zehen machst du eine *Frontside*-Kurve, durch Druck auf die Ferse eine *Backside*-Kurve (siehe Seite 30).

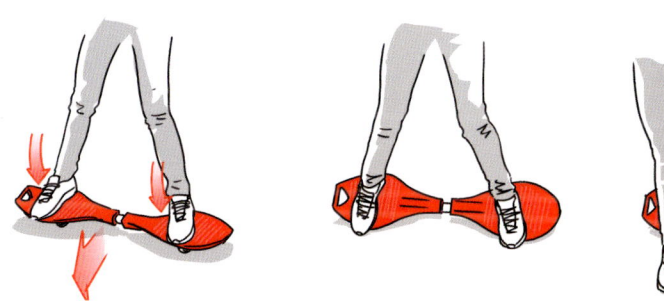

5. Richtig bremsen

Da das Waveboard über keine Bremse verfügt, musst du das Brett mit deinen Beinen zum Stehen bringen. Teste das Bremsen am besten erst einmal bei niedrigem Tempo. Dafür übst du mit beiden Füßen Druck auf die Zehen aus, bis das Brett sich auf den Boden legt. Vorsicht, Stolperfalle! Damit du in dem Augenblick des Stoppens nicht auf die Nase fällst, solltest du nach vorne weglaufen. Das Ganze ist übrigens angewandte Physik: Je schneller du bist, desto stärkere Kräfte musst du auch beim Absteigen überwinden.

136 ANGELGOLF

 Diese Sportart ist recht jung, wurde sie doch erst im Jahr 2006 erfunden. Wie der Name nahelegt, wird beim *Angelgolf* der Ball nicht mit einem Golfschläger bearbeitet, sondern mit einer Rute, wie man sie beim Angeln auf Fische verwendet: Der Golfball hängt also statt eines Köders am Ende der Angelschnur und es gilt, ihn durch geschicktes Auswerfen möglichst zügig in verschiedene Löcher zu befördern – ganz ähnlich wie beim klassischen Golf oder Minigolf. Gezählt werden die Würfe, die man pro Bahn braucht. Es wird immer von dort gespielt, wo der Ball zuletzt liegen geblieben ist.

137 AB IN DEN ZAUN: SKATER-LEGENDE TONY HAWK

Tony Hawk genießt den Ruf einer Skateboard-Legende. Bereits mit 14 Jahren unterzeichnete er seinen ersten Profivertrag. Der aus Kalifornien stammende mehrfache Weltmeister hat eine eigene Skateboardmarke, und auch ein nach ihm benanntes Videospiel feierte weltweit Erfolge. 2009 durfte er auf Einladung des US-amerikanischen Präsidenten Barack Obama sogar durch das Weiße Haus skaten.

Als erstem Skater überhaupt gelang ihm in einer Halfpipe die zweieinhalbfache Drehung: der »900«. Zwölf Jahre lang hatte er sich daran versucht, bis er sich im Juli 1999 bei den *X-Games* vor Tausenden Zuschauern spontan an den herausfordernden Trick wagte. Ein Jahr zuvor hatte er sich bei dem Versuch noch eine Rippe gebrochen.

20 Jahre stand er als Profi in der Halfpipe. Nachdem er seine Karriere beendete, gründete er die Tony Hawk Foundation, um damit beispielsweise die Finanzierung von Skater-Anlagen in sozialen Brennpunkten zu sichern.

Tony Hawk ist ein gutes Beispiel dafür, dass es sich lohnt, Geschenke von älteren Geschwistern anzunehmen. Darüber hinaus zeigt er auch, dass man sich von anfänglichen Missgeschicken nicht aus der Bahn werfen lassen sollte. Sein erstes Skateboard erhielt der damals neun Jahre alte Tony von seinem älteren Bruder: ein blaues Fiberglas-Skateboard der Marke »Bahne«. »Als ich das erste Mal auf einem Skateboard stand, bin ich gleich in einem Zaun gelandet, weil ich nicht wusste, wie ich wenden konnte«, erinnerte sich Tony Hawk im Magazin »*Rolling Stone*«.

138 SCHNEE-BASKETBALL

Wie der Name schon vermuten lässt, ist für dieses Basketballspiel Schnee zwingend erforderlich. Darüber hinaus brauchst du noch einen Eimer, der als »Korb« fungiert, in dem die Schneebälle landen sollen. Du markierst einen Startpunkt, der für alle Mitspieler gilt. Von dort aus versucht ihr, eure Schneebälle in den Korb zu werfen. Jeder Spieler hat eine vorher festgelegte Anzahl an Würfen. Es gewinnt derjenige, der die meisten Bälle versenkt. Sollte euer Korb beweglich sein, könnt ihr ihn auch auf eine Mauer stellen oder in einen Baum hängen.

139 SCHWINDELIG LAUFEN

Ein Laufspiel für mehrere Teilnehmer, bei dem du einen Pflock, Ast oder Stock brauchst sowie eine Stoppuhr. Für den Aufbau schlägst du den Pflock so tief in die Erde, dass er ungefähr 30 cm herausragt. Zehn Meter davon wird ein Ziel markiert. Nacheinander sind nun die Spieler an der Reihe. Sie gehen zum Pflock, halten ihn oben fest und rennen dann zehn Runden um ihn herum, ohne die Hand vom Pflock zu lassen. Anschließend laufen sie zum Ziel. Ein anderer stoppt die Zeit, die jeder Läufer vom Anfassen des Pflocks bis zum Überqueren der Ziellinie benötigt. Doch aufpassen: Nicht jeder wird den direkten Weg zum Ziel nehmen…

140 FÜSSE TRETEN

Ein Schulhof-Klassiker, den Generationen von Schülern gespielt haben: Sämtliche Mitspieler treffen sich an einer Stelle und stellen jeweils ihren Lieblingsfuß an einem Punkt zusammen. Von dieser Stelle aus machen nun alle eine bestimmte Schrittanzahl zurück – wie viele, habt ihr im Vorfeld festgelegt. Drei Schritte sollten es aber mindestens sein. Warum? Weil der Startspieler nun drei Schritte machen darf. Wenn der Startspieler seine drei Schritte hinter sich gebracht hat, muss er versuchen, von dieser Stelle aus einem anderen Mitspieler auf den Fuß zu treten. Die Mitspieler dürfen sich dabei nicht fortbewegen. Wenn er es schafft, ist der Spieler, dem er auf den Fuß getreten hat, ausgeschieden. Wenn er es nicht schafft, ist der Spieler an der Reihe, der zuletzt attackiert wurde. Es gibt verschiedene Varianten des Spiels. Möglich ist zum Beispiel die Regel, dass alle Mitspieler beim dritten Schritt des Angreifers zur Seite springen dürfen.

141 SPANISCHE KEGELSPIELE

 Auf der ganzen Welt gibt es Kegelspiele, viele davon sind in Vergessenheit geraten. In einigen Regionen Spaniens gibt es heute noch besonders viele Varianten, vor allem in Asturien, Kantabrien, Kastilien und León.

Das *Bolo Palma*-Spiel stammt aus der Region Kantabrien in Nordspanien. Das Spielfeld besteht hier aus einer Kegelbahn von 30 bis 34 Meter Länge und ist in drei Abschnitte unterteilt: der »Kasten«, wo die Kegel aufgestellt werden, das »Wurffeld« und das »Zweitwurffeld«. Die Holzkugeln, mit denen gekegelt wird, wiegen etwa 2 kg. Bei diesem Spiel gibt es zehn Kegel, von denen einer deutlich kleiner und anders geformt ist. Das Spiel besteht aus Erst- und Zweitwurf. Beim ersten Wurf, bei dem die Kugel hoch in die Luft befördert wird, versucht man, den Kasten zu erreichen und die Kegel zu treffen. Der Zweitwurf findet dann von dort statt, wo die Kugel liegen geblieben ist.

Die am meisten verbreitete Variante in Kastilien und León ist das Kegelspiel *Bolo Leonés*. Das Feld ist bei dieser Variante nicht ganz so lang und in nur zwei Teile aufgeteilt. Wie bei Bolo Palma gibt es ebenfalls zehn Kegel mit einem darunter, der wesentlich kleiner ist. Geworfen wird allerdings mit Halbkugeln, die eine fast flache Seite haben und deshalb nicht so leicht weiterrollen. Auch hier haben die Spieler zwei Würfe.

In Asturien heißt das Spiel *Bolo Asturiano*. Das Feld ist noch mal kürzer, die Kugel (mit Fingerloch) ist leichter. Dafür haben die Spieler nur einen Wurf, um möglichst viele der zehn Kegel zu treffen.

Wenn du ein paar Kegel oder kegelähnliche Gegenstände hast, kannst du dich von den spanischen Kegelspielen inspirieren lassen und auf einem größeren Spielfeld kegeln – mit mehreren markierten Wurffeldern. Du kannst auch Hindernisse oder Zusatzaufgaben einbauen.

142 EIN INDIACABALL IN HEIMARBEIT

Das *Indiaca*-Spiel als Einzel- und Teamsport stammt aus Südamerika. Die Akteure spielen dabei einen besonderen Federball mit Händen bzw. Füßen über ein Netz. Indiaca-Bälle gibt es zu kaufen – du kannst sie jedoch auch selbst basteln.

So kannst du selbst einen Handfederball herstellen:

Du benötigst Moosgummi in verschiedenen Farben, drei bis vier Federn, zwei Unterlegscheiben, Schere und Kleber. Aus Moosgummi schneidest du zwölf Kreise mit einem Durchmesser von 3 cm aus. Zehn der Kreise werden in der Mitte eingeschnitten, dann werden drei Federn in eine Unterlegscheibe eingepasst und die zehn Kreise mit den Einkerbungen darunter angeklebt. Um das Wurfgeschoss auszubalancieren, bringst du eine weitere Unterlegscheibe an, schneidest die überstehenden Schäfte der Federn ab und klebst schließlich die zwei übrig gebliebenen Moosgummikreise an.

Auch so kannst du dir einen Wurfball für Indiaca basteln:
Du brauchst Federn, Stoff (z. B. Leder oder Jutestoff), Reis oder Sand, drei kleine Luftballons, einen großen Teller, eine Schere und einen Trichter zum Einfüllen von Sand oder Reis. Zunächst zeichnest du mit Hilfe des Tellers auf dem Stoff einen Kreis, den du anschließend ausschneidest. Dann nimmst du einen Luftballon, ziehst ihn auf den Trichter und füllst ihn mit Sand oder Reis. Anschließend überziehst du den gefüllten Luftballon mit den beiden anderen Luftballons. Dafür musst du vorher die Hälse der Ballons abschneiden. Im nächsten Schritt legst du das Luftballonbällchen auf den Stoff und ziehst diesen zusammen, so dass ein Säckchen entsteht. Das fixierst du mit einem Gummiband. Nun kannst du noch ein paar Federn in das Säckchen stecken, schon ist dein Indiaca-Ball fertig.

143 WIE GEHT EIGENTLICH... DARTS-PFEILE WERFEN

 Es sieht so einfach aus … und kann doch so verflixt schwer sein. Beim *Darts* gilt es, einen Pfeil auf eine Scheibe zu werfen. Nach Möglichkeit sollte dabei nicht nur die Zielscheibe getroffen werden, sondern eines der insgesamt 82 Zahlenfelder.

Beim Aufbau kannst du bereits zeigen, dass du im Mathe-Unterricht nicht nur vom nächsten Auswärtssieg deines Lieblingsteams geträumt hast (zumindest wenn ihr schon den »Satz des Pythagoras« hattet). Eine Darts-Scheibe soll nämlich 1,73 Meter hoch aufgehängt werden – dabei ist der Mittelpunkt der Scheibe, das sogenannte *Bullseye*, maßgeblich. Traditionell wird der Abstand der Scheibe zur Abwurflinie in der Diagonalen gemessen: Beim klassischen Darts sind das 2,93 Meter. Wie weit ist die Abwurflinie also von der Wand entfernt, an der die Darts-Scheibe hängt? Richtig: 2,37 Meter (denn 2,93 x 2,93 = 1,73 x 1,73 + 2,37 x 2,37). Das ist auch die Mindestwurfentfernung.

Es gibt dabei etliche Spielvariationen von »501« bis »Fuchsjagd«. In jedem Fall ist es sinnvoll, die Pfeile in ein Feld zu werfen, in das du sie auch hineinwerfen möchtest. Hier ein paar Tipps, die dir beim Zielen helfen.

So sehen klassische Darts-Pfeile aus. Ganz schön spitz und gefährlich. Du spielst besser erst mal Automaten-Dart. Die zugehörigen »Soft Darts« haben eine weiche Spitze aus Kunststoff.

Richtig stehen

Es gibt zwei Möglichkeiten, sich an die Abwurflinie zu stellen: mit dem Fuß parallel zur Linie oder im 45-Grad-Winkel. Der Vorteil bei der erstgenannten Position ist, dass du etwas näher zur Scheibe stehst. Probiere einfach aus, womit du am besten klarkommst. Das haben die besten Profis auch so gehandhabt. Empfehlenswert ist es, dass das Bein auf der Seite des Wurfarms vorne steht.

Richtig halten

Mit zwei, drei oder fünf Fingern? Wie hält man eigentlich den Pfeil am besten? Eine No-go-Regel gibt es hier eigentlich nicht. Gerade für Anfänger oder nicht so erfahrene Darts-Spieler ist es aber einfacher, den Darts-Pfeil mit drei Fingern wie einen Stift zu halten.

Das Auge denkt mit

Beim Zielen hältst du den Pfeil vor dein dominantes Auge: Bei Rechtshändern ist das meistens das rechte Auge, bei Linkshändern entsprechend das linke Auge. Es gibt aber auch Ausnahmen wie den mehrfachen Weltmeister Phil Taylor. Es gibt einen Test, mit dem du herausfinden kannst, was bei dir der Fall ist: Zeige mit einem Finger auf das Bullseye im Zentrum der Scheibe. Schließe beide Augen und öffne dann das rechte Auge. Ist dein Finger noch über dem Bullseye? Dann ist das rechte Auge bei dir das dominante. Mach danach die Umkehrprobe. Wenn es bei dir kein eindeutiges Ergebnis gibt, zielst du am besten über beide Augen.

Der Abwurf

Die Wurfbewegung besteht im Grunde aus fünf Schritten: Zielen, Rückbewegung, Beschleunigung, Abwurf und Nachbewegung. Du visierst einen Punkt an, holst dann einige Male aus, bevor du schlussendlich wirfst. Den Abwurf führst du mit einer Wucht aus, die so gewählt ist, dass dein Arm gerade so vollgestreckt ist. Wichtig ist, dass du im gesamten Wurfablauf konzentriert bleibst und du quasi nur deinen Wurfarm bewegst – und nicht den restlichen Körper.

Einfache Ziele setzen

Statt sich gleich mit einer der (teils komplizierten) Spielvarianten zu beschäftigen, kann es sinnvoller sein, erst fleißig an der Scheibe zu trainieren. Such dir ein bestimmtes Feld aus – zum Beispiel das Triple-20-Feld – und versuche, es zu treffen.

144 PELOTA UND KAATSEN

Wenn du schon einmal im Norden Spaniens Urlaub gemacht hast, wirst du dort vielleicht in einer Stadt oder einem Dorf einen *Pelota*-Platz gesehen haben. Gut möglich ist auch, dass du dort im Fernsehen ein Pelota-Spiel gesehen hast, denn dieses seit Jahrhunderten bekannte Rückschlagspiel erfreut sich vor allem im Baskenland großer Beliebtheit. Pelota gilt als das rasanteste Ballspiel der Welt, der Ball kann bis zu 300 Stundenkilometer schnell sein!

Bei diesem Spiel schlagen Zweier-Teams abwechselnd einen Ball gegen eine Wand. Ziel ist es, den Ball so zu platzieren, dass die Gegner ihn nicht mehr erreichen, wenn er nach dem Abprallen von der Wand ins Feld zurückfliegt. Um den Ball zu erwischen, drehen die Spieler mitunter komplizierte Pirouetten und rennen sogar die Wände hoch.

Es gibt unterschiedliche Varianten, am bekanntesten ist »*Pelota a Mano*«, bei der der Ball mit der bloßen Hand geschlagen wird. Bei anderen Spielformen tragen die Spieler an einer Hand einen länglichen Spitzkorb, mit dem sie fangen und werfen, oder sie spielen mit Schlagbrettern, wie du sie auf der rechten Seite siehst.

Eng verwandt mit Pelota ist die Sportart *Kaatsen*, die vor allem in den Niederlanden und Belgien verbreitet ist. Hier treten Dreier-Teams auf einem großen Rasenfeld gegeneinander an. Der Lederspielball ist so groß wie ein Tischtennisball, aber deutlich schwerer (ungefähr zehnmal so schwer).

145 *Pelota und Kaatsen für den Garten*

Pelota und Kaatsen haben unterschiedliche Regeln, von denen du dich gerne inspirieren lassen kannst. Eine Variante für den heimischen Garten oder einen Parkausflug geht so:

Du markierst ein Feld, auf dem sich drei Spieler pro Mannschaft gegenüberstehen. Zu erkennen sind eine Aufschlaglinie und eingegrenztes Feld, in das die aufschlagende Mannschaft den Ball schlagen muss. Es gibt kein Netz. Ziel ist es, den Ball so weit wie möglich ins gegnerische Feld zu spielen. In dem Aufschlagfeld dürfen sich maximal zwei Spieler des Gegners aufhalten. Alle Schläge werden mit der Hand von unten ausgeführt. Du kannst auch Handschuhe nutzen, z. B. Torwandhandschuhe. Der Ball wird wie beim Tennis gespielt: entweder volley direkt aus der Luft oder nachdem er einmal auf dem Rasen aufgekommen ist. Der Rückschlag muss jeweils ins Feld zurückgespielt werden. Landet er dort, ohne dass die Aufschlag-Mannschaft den Ball wieder zurückschlagen konnte, wird die Stelle markiert, an der der Ball auf dem Boden aufgekommen ist. Landet der Ball beim nächsten Mal noch weiter, wird diese Stelle markiert. Bälle, die ins Aus gehen, werden allerdings nicht gewertet. Nach fünf Aufschlägen werden die Seiten gewechselt. Nun hat die andere Mannschaft die Chance, den Ball so weit wie möglich in das Feld des Gegners zu bekommen.

Zählweise: Für ein Ass gibt es 1 Punkt. Für einen Fehlaufschlag bekommt der Gegner 1 Punkt. Für den weitesten Schlag ins gegnerische Feld erhält man 3 Punkte.

146 BOLZSPIEL: HOCH REIN

Für diesen Fußballbolzklassiker gibt es regional unterschiedliche Namen. An einem Ort heißt das Spiel »Luftkönig«, andernorts »Ausputten«, »Englisch« oder »Jojo«. Zunächst wird ein Torwart gesucht und festgelegt, über wie viele »Leben« bzw. Punkte alle Akteure beim Spielbeginn verfügen. Wer als Erster im Tor steht, bekommt zur Belohnung auch einen Extrapunkt. Die anderen Spieler passen sich nun den Ball zu. Du kannst festlegen, wie der Ball gespielt werden darf. Mit Anstoppen oder nur direkt? Darf der Ball nur volley gespielt werden oder ruhig vorher einmal auf dem Boden aufgetippt sein? Klar ist allerdings, dass der Ball immer nur aus der Luft aufs Tor geschossen werden darf – hoch rein also. Wenn der Ball ins Tor geht, bekommt der Torwart einen Punkt abgezogen. Sollte er den Ball mit den Hängen fangen, der Schuss vorher auf dem Boden aufkommen oder neben das Tor gehen, muss der Schütze ins Tor. Das Spiel geht so lange weiter, bis nur noch ein Spieler mit Punkten übrig bleibt.

Es gibt zahlreiche Varianten des Spiels. Zum Beispiel kann man festlegen, dass sich der Torwart »freiköpfen« kann. Oder es gibt einen Sonderabzug für den Torhüter bei besonders spektakulären Toren – etwa einem Fallrückzieher oder einem erfolgreichen Torabschluss mit dem Hintern.

147 BOLZSPIEL: DAS NAMENSSPIEL

Bei diesem Fußballspiel müsst ihr euch zunächst auf einen Namen einigen – zum Beispiel »Diego«. Nun spielen sich alle den Ball volley zu. Berührt der Fußball den Boden, wird dem »schuldigen« Spieler ein Buchstabe aus dem Namen »Diego« abgezogen. Wer als Erstes keinen Buchstaben mehr hat, scheidet aus. Es gewinnt derjenige, der als Letzter noch Buchstaben besitzt.

❖ ❖ ❖

148 BOLZSPIEL: FUSSBALL-SQUASH

Bei diesem Spiel für zwei Akteure braucht es eine Wand. Ihr könnt aber auch eine Bierbank auf den Boden legen und die Sitzfläche als Wand nutzen. Eine bestimmte Zahl an »Leben« wird vorher festgelegt. Dann schießt ihr abwechselnd gegen die Wand. Dabei dürft ihr den Ball nur einmal berühren – sonst gibt es einen Punktabzug. Ein Verfehlen der Wand gibt natürlich auch einen Minuspunkt. Wer zuletzt noch Punkte hat, gewinnt.

❖ ❖ ❖

149 BOLZSPIEL: FUSSBALLGOLF

Für diese Golfvariante braucht ihr nicht über 18 Plätze zu laufen. Stattdessen schießen alle Spieler aus einer vorher festgelegten Entfernung auf eine Mülltonne, einen Eimer oder einen vergleichbaren Behälter, der groß genug für den Spielball ist. Wer den Ball ins Ziel trifft, erhält dafür einen Punkt. Sollte gerade keine Tonne zur Verfügung stehen, eignen sich dafür auch die Latte oder der Pfosten eines Fußballtores.

❖ ❖ ❖

150 BOLZSPIEL: DRIBBEL-SOLO

Wer ist der beste Dorfplatz-Messi, wer der stärkste Hinterhof-Maradona? Zunächst gilt es, einen festen Torwart für das Spiel zu finden. Die Feldspieler agieren anschließend als Soloakteure und versuchen jeder für sich, ein Tor zu erzielen. Jeder erfolgreiche Torschütze kommt eine Runde weiter. Der letzte Spieler, der kein Tor erzielt hat, fliegt raus. Dann geht es so lange weiter, bis nur noch zwei Spieler übrig sind. Das Finale gewinnt derjenige, der drei Tore erzielt.

151 BOLZSPIEL: KING OF THE RING

Wer bleibt als Letzter übrig? Beim Fußballspiel »King of the Ring« treten mehrere Spieler in einem abgegrenzten Bereich gegeneinander an. Jeder dieser Spieler führt einen Ball am Fuß. Ziel des Spiels ist es, als Letzter von allen Teilnehmern seinen eigenen Ball am Fuß zu führen. Die anderen kannst du rauswerfen, indem du ihr Spielgerät in den Bereich außerhalb der Markierungen schießt. Für das Spiel werden mindestens drei Leute benötigt, nach oben gibt es keine Grenze – solange ihr über ausreichend Bälle verfügt, versteht sich.

❖ ❖ ❖

152 BOLZSPIEL: SCHWEINCHEN IN DER MITTE

Nein, dieses Spiel verlangt keine tierischen Verrenkungen (und kommt auch in den meisten Fällen ohne Grunzen und Quieken aus…). Bei diesem Bolzplatzklassiker bilden alle Spieler einen Kreis. Fast alle Spieler zumindest, denn ein Spieler muss in die Mitte. Nun kicken sich die Spieler aus dem Kreis den Ball zu, derweil das »Schweinchen« in der Mitte versucht, den Ball in irgendeiner Form zu berühren, wobei das Handspiel strafbar ist. Glückt ihm das, hat derjenige seinen Platz in der Mitte einzunehmen, der den Ball zuletzt gespielt hat. Beliebt ist die Variante, wonach das »Schweinchen« eine Runde länger in der Mitte bleiben muss, wenn es getunnelt wird. Möglich sind auch verschiedene Abwandlungen: Höchstens zwei Ballkontakte pro Spieler sind erlaubt – oder nur das direkte Spiel. Lustig ist auch, wenn alle nur mit ihrem schwächeren Fuß spielen.

153 WEITSCHUSS-POKER

Jeder hat einen Ball. Der erste Spieler platziert seinen Ball in einer Entfernung vor dem Tor, bei der er hofft, ihn von dort aus mit einem Schuss ins leere Tor befördern zu können. Danach sind die anderen an der Reihe und können entscheiden, ob sie ihren Ball weiter entfernt oder näher am Tor platzieren. Liegen alle Bälle auf dem Platz, versuchen alle Spieler nacheinander, ihren Ball ins Tor zu schießen. Der Spieler, der aus der weitesten Entfernung getroffen hat, bekommt in diesem Durchgang die volle Punktzahl (z. B. 6 bei 6 Mitspielern), die nächstplatzierten kassieren jeweils absteigende Punkte (5, 4, 3 etc.). Wer das Tor verfehlt, geht leer aus. Der Gewinner der Runde muss im nächsten Durchgang als Erstes seinen Ball platzieren. Wer zuerst 30 Punkte hat, gewinnt das Spiel. Variante: Es zählen nur Treffer, bei denen der Ball direkt ins Tor geht, ohne vorher aufgekommen zu sein.

154 BOLZSPIEL: KÖNIGSBALL

Wer wird Passkönig? Das Tolle: Im Gegensatz zu den Königreichen vergangener Epochen können die Herrscher hier fast täglich ihren Thronplatz freimachen, und jemand anderes sichert sich die Krone. Für das Spiel zeichnest du an einer Mauer, Garagen- oder Hauswand ein Tor auf – oder ihr nutzt eine auf dem Boden liegende Bierbank. Nun fängt der erste Spieler aus einer Entfernung von 5 bis 7 Metern an, den Ball gegen die Wand zu schießen. Der nächste Spieler muss den zurückprallenden Ball annehmen und wieder zur Wand spielen. Anschließend geht es mit dem nächsten Spieler weiter, bis alle Spieler an der Reihe waren und der erste erneut dran ist. Wer den Ball nicht annehmen kann oder das Ziel nicht trifft, scheidet aus. Wer das Spiel noch schwerer oder schneller machen möchte, stellt die Regel auf, dass der Ball nur direkt gespielt werden darf.

155 BOLZSPIEL: SITZFUSSBALL

 Stillsitzen verboten! Wie der Name des Spiels nahelegt, sitzen die Spieler zu Beginn des Spiels. Sie dürfen sich mit den Händen abstützend auf dem Spielfeld bewegen, aber nicht aufstehen oder laufen. Wichtig: Im Torraum dürfen sich nicht mehr als drei Spieler aufhalten. Der Ball darf generell nicht mit der Hand gespielt oder abgewehrt werden – in diesem Fall gibt es Sitzfreistoß für den Gegner.

156 BOLZSPIEL: EINS GEGEN EINS

 Bei diesem Spiel geht es darum, den dribbelstärksten oder trickreichsten Spieler zu ermitteln, der zugleich vor dem Tor kalt wie die sprichwörtliche Hundeschnauze bleibt. Innerhalb einer vorab festgelegten Spielzeit – zum Beispiel 3 Minuten – spielen zwei Spieler im eins gegen eins auf ein Tor. Ein dritter Mitspieler ist Torwart und verhält sich (nicht nur) bei Abwürfen neutral.

Wenn du mehrere Mitstreiter hast, kannst du das Spiel in Turnierform austragen. Dafür müsstest du den Modus »Jeder gegen jeden« anwenden (siehe Seite 34), alle Ergebnisse festhalten und wie in der Bundesliga eine Tabelle ausrechnen. Für einen Sieg gibt es drei Punkte, für ein Unentschieden einen Punkt. Für ein verlorenes Spiel bekommt man natürlich keinen Punkt.

157 BOLZSPIEL: FUSSBALL-BIATHLON

 Natürlich kannst du Fußball auch mit einer anderen Sportart kombinieren und dein eigenes Fußball-Biathlon-Spiel ins Leben rufen. Am einfachsten ist eine Verbindung von Laufen und Schießen. Dafür brauchst du zum einen eine Laufstrecke, die du z.B. mit Stöcken absteckst oder bei der bestimmte Bäume als Eckpunkte zu umlaufen sind – und zum anderen eine Schießstation. Wenn du mit Strafrunden spielen möchtest, kannst du auch eine kleine Extra-Laufrunde markieren. Die Schießstation kann ein Mini-Tor sein, das aus einer gewissen Entfernung getroffen werden muss. Du kannst mehrere Bälle vor das Tor legen – für jeden Fehlschuss gibt es dann Strafsekunden oder eine Strafrunde. Statt eines Tores kannst du auch Dosen, eine Kiste oder andere Ziele aufbauen, die getroffen werden wollen. Mit einer Uhr könnt ihr die Zeiten der jeweiligen Teilnehmer stoppen.

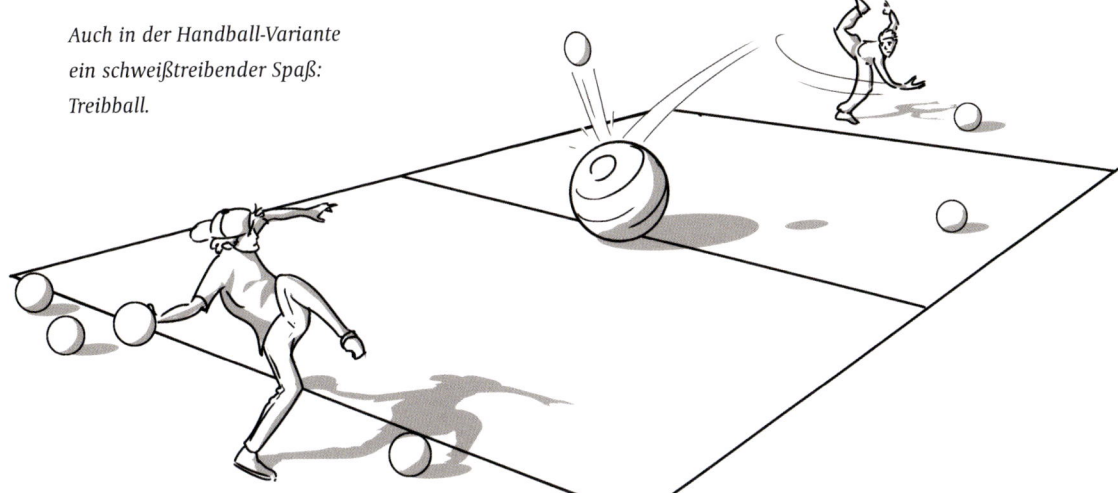

Auch in der Handball-Variante ein schweißtreibender Spaß: Treibball.

158 BOLZSPIEL: FUSSBALL-TREIBJAGD

Für die Treibjagd brauchst du zwei Mannschaften, mehrere Fußbälle und einen Pezziball (oder einen ähnlich großen Ball). Die beiden Teams stellen sich im Abstand von ca. 10 bis 15 Metern gegenüber. Hier markiert ihr jeweils eine Linie – etwa mit Stöcken oder Jacken. In der Mitte liegt der Pezziball. Mit ihren Fußbällen müssen die Spieler nun versuchen, den Pezziball so zu treffen, dass er in die gegnerische Zone rollt und es dort über die Grundlinie schafft. Geschossene Fußbälle dürfen natürlich wiedergeholt werden. Zu beachten ist, dass Schussversuche nur von der eigenen Grundlinie aus erlaubt sind.

Als Variante könnt ihr auch *Handball-Treibball* spielen, wie oben im Bild dargestellt. Dabei behaltet ihr den Spielaufbau bei, nur dass ihr den großen, schweren Ball eben mit Würfen in die jeweils richtige Richtung bewegen wollt.

159 BOLZSPIEL: ELFMETER-RITTERN

Die Teilnehmeranzahl beim Elfmeter-Rittern ist unbegrenzt. Zu Beginn des Spiels geht zumeist ein Freiwilliger ins Tor, der entweder einen Punkt mehr hat oder in der ersten Runde keine Punkte verlieren kann. Verschießt ein Schütze oder wird der Ball vom Torhüter gehalten, muss der Schütze in der nächsten Runde ins Tor, der Torhüter reiht sich in die Schlange der Schützen ein. Für jeden Treffer, den ein Torhüter kassiert, verliert er einen Punkt. Hat der Torwart seinen letzten Punkt verloren, bleibt er so lange im Kasten, bis der erste Schütze nicht trifft. Sieger ist derjenige, der zum Schluss noch Punkte auf seinem Konto hat.

160 KLIMMZÜGE MIT EINEM FINGER

Klimmzüge sind ja bekanntlich ganz schön anstrengend. Vor allem, wenn man mehrere davon schafft. Es gibt sogar Athleten, die nur mit ihren kleinen Fingern Klimmzüge hinbekommen. Der Italiener Tazio Gavioli hat auf diese Art und Weise sogar 23 aufeinanderfolgende Klimmzüge geschafft. Weltrekord!

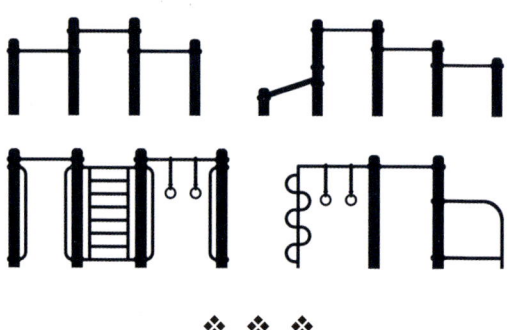

❖ ❖ ❖

161 PERSÖNLICHER MEHRKAMPF

Zehnkampf, Siebenkampf, Moderner Fünfkampf, aber auch Triathlon oder Biathlon haben eines gemeinsam: Bei diesen Wettkampfformen werden verschiedene Sportarten miteinander verknüpft. Bei den einen werden die Ergebnisse verschiedener Wettkämpfe addiert, bei anderen findet ein Wettkampf mit verschiedenen Sportarten statt. Lass deiner Fantasie freien Lauf und kombiniere verschiedene Sportaufgaben zu deinem ganz persönlichen Wettkampf. Wie wäre es zum Beispiel mit Laufen und Dosenwerfen als Sommer-Biathlon im eigenen Garten? Oder mit einem Siebenkampf-Geburtstag, bei dem es bei Disziplinen wie »Dosenwerfen«, »Kirschkernweitspucken« oder »Schokoladenwettessen« Punkte zu erzielen gibt?

❖ ❖ ❖

162 DUMM GELAUFEN

Ein technisches Problem hatte für die Paderborn Baskets im Jahr 2015 fast den Abstieg aus der 2. Basketball-Bundesliga zur Folge. Das wichtige Heimspiel gegen die Chemnitz 99ers (69:62) wurde nachträglich mit 0:20 gewertet, da die Begegnung wegen eines Ausfalls der Anzeigetafel mit einer Verspätung von 25 Minuten begann. Zudem wurde ein Punkt abgezogen, so dass Paderborn keine rechnerische Chance mehr hatte, die Abstiegsplätze zu verlassen. Laut den Paderbornern hatte ein »Windows-Zwangsupdate« das Problem verursacht. Ihr Einspruch gegen die Wertung wurde später akzeptiert, so dass der Verein doch noch in der 2. Liga blieb.

163 KEGELSPASS

Wer kegeln möchte, muss nicht immer nur in irgendwelchen Gaststätten nach Kegelbahnen Ausschau halten. Für ein Gartenspiel nimmst du einfach Plastikflaschen als Kegel, die du zum Beispiel mit etwas Sand befüllen kannst, damit sie nicht allzu schnell umpurzeln. Als Kegelkugel kannst du Bocciakugeln verwenden oder du versuchst es mit unterschiedlich großen und schweren Bällen. Nach Belieben kannst du festlegen, ob gerollt, geschossen oder geworfen werden kann. Als Variante sorgt *Hockey-Kegeln* für jede Menge Spielspaß – das funktioniert auch als Indoor-Variante mit Besenstiel als Hockeyschläger.

❖ ❖ ❖

164 RAD-WETTSCHLEICHEN

Der Schnellste muss immer der Erste sein? Iwo! Es geht auch andersherum. Beim Rad-Wettschleichen gewinnt derjenige, der am längsten braucht, um ins Ziel zu kommen. Rückwärtsfahren ist natürlich nicht gestattet. Und für jedes Mal, dass jemand so langsam fährt, dass er sogar absteigen muss und mit einem Fuß den Boden berührt, gibt es Strafsekunden. Die werden natürlich abgezogen und nicht etwa addiert, wie ihr es von anderen Spielen kennt. Denn schließlich wird beim Wettschleichen der Langsamste gekrönt.

❖ ❖ ❖

165 ALTES BALLSPIEL: STEHBALL

Alle Spieler stehen zusammen. Der Startspieler wirft einen Ball hoch und ruft den Namen eines Mitspielers. Der Aufgerufene muss den Ball fangen. In dem Moment, in dem er den Ball fest in der Hand hält, ruft er laut: »Stopp«. Alle müssen sofort stehen bleiben. Der Werfer darf nun versuchen, einen der Mitspieler mit dem Ball zu treffen. Die Spieler ohne Ball dürfen dabei nicht ausweichen. Jeder Getroffene bekommt einen Punkt. In der nächsten Runde beginnt derjenige mit dem Ballhochwerfen, auf den geworfen wurde. Die Spieler kommen wieder zusammen, bis sie in alle Richtungen ausschwärmen dürfen. Nach einer festgelegten Zeit endet das Spiel. Der oder die Spieler mit den wenigsten Punkten haben gewonnen.

166 SCHLANGENKÖNIG

Die Krönung des Schlangenkönigs ist ein altes Laufspiel, das sich ausgezeichnet für Geburtstagsfeiern eignet. Du brauchst dafür lediglich ein Seil und ein paar Mitspieler (sofern diese vorher nicht zu viel Geburtstagskuchen gegessen haben). Ein Spieler zieht das Seil nun hinter sich her. Die anderen Mitspieler versuchen, einen Fuß auf das Seil zu setzen oder es mit den Händen zu fassen (eine gute Übung für Torhüter!). Wer es als Erster schafft, darf in der nächsten Runde das Seil ziehen.

167 HALLE STATT RASEN: EINE SAUBERE KARRIERE

Welche Wege die Karriere eines Profisportlers nehmen kann, zeigt das Beispiel des Handballers *Christian Schwarzer*. Dass er eines Tages Welt- und Europameister werden und zahlreiche weitere nationale und internationale Titel mit seinen Vereinen erringen sollte, hat nämlich auch ein wenig mit schmutziger Wäsche zu tun. Als Jugendlicher jagte Christian noch dem Fußball hinterher und brachte regelmäßig Dreckwäsche mit nach Hause. Seine genervte Mutter fragte ihn daraufhin, ob er nicht auch in der Halle Sport machen könnte. Irgendetwas, was nicht so viel Dreck hinterlässt. Kurz darauf traf ihr Sohn einen Freund, der ihn und seinen Bruder zum Handballtraining einlud. Christian fand Gefallen daran. Kurioserweise spielte er in den ersten Jahren gar nicht auf dem Feld, sondern im Tor. Als recht kleiner und schmächtiger Junge wurde er schließlich zum Kreisläufer – auf dieser Position sollte er später auch als Profi glänzen.

168 CRICKET

Cricket ist wahrscheinlich die einzige Sportart auf der Welt, in der es geregelte Mittags- und Teepausen gibt. Das verwundert nicht wirklich, wenn man bedenkt, dass bereits ein kurzes Cricket-Spiel einige Stunden dauert, eine längere Partie sich aber auch über mehrere Tage hinziehen kann. Zudem ist das Regelwerk (»The Laws of Cricket«) so kompliziert, dass es nur allzu verständlich ist, wenn die Beteiligten zur Erholung zwischendurch mal eine Pause einlegen müssen.

Populär wurde das Schlagballspiel für zwei Mannschaften im 16. Jahrhundert in England, von wo es sich gemeinsam mit den englischen Handelsbeziehungen über die ganze Welt verbreitete. Die Sportart erfreut sich heutzutage vor allem in den Ländern des sogenannten »Commonwealth« Beliebtheit. Dazu zählen neben Großbritannien u. a. Indien, Pakistan, Australien, Neuseeland oder Südafrika.

169 WORAUF ES BEIM SPEERWURF SO ALLES ANKOMMT

Wer Profi-Leichtathleten dabei zusieht, wie sie einen Speer weit in die Ferne werfen, kann das Gefühl haben, dass das ja vielleicht gar nicht so schwer ist. Dabei ist das Gegenteil der Fall. Damit der Speer möglichst weit fliegt, müssen einige Dinge zusammenkommen. Das sind im Einzelnen: die passende Abfluggeschwindigkeit, der Abflugwinkel (am besten 35 bis 36 Grad), die Stellung der Speerlängsachse zur Abflugrichtung beim Abwurf (Achtung, Angeberwort: Anströmwinkel!), die konstruktive Besonderheit des Speers, die Windstärke und Windrichtung sowie die Erdanziehungskraft. Leichter Gegenwind ist von Vorteil, wenn flacher abgeworfen wird. Bei Rückenwind sollte der Sportler den Speer steiler abwerfen.

170 **SPEEDMINTON**

Ein bisschen Tennis, ein bisschen Badminton, ein bisschen Squash: Das ist *Speedminton* oder *Crossminton*. Für diese Spielform, die kein Netz benötigt, gibt es spezielle Schläger und Bälle. Die Bälle sind schwerer als herkömmliche Federbälle und können so bis Windstärke 4 genutzt werden. Das Spielfeld besteht aus zwei Quadraten, die sich im Abstand von 12,8 Metern gegenüberliegen. Dieser Abstand ersetzt quasi das Netz. Die Seitenlänge eines Quadrats beträgt 5,50 Meter. Die offizielle Zählweise geht so: Ein Spielsatz endet mit 16 Gewinnpunkten. Bei 15:15 geht der Satz in die Verlängerung, wobei zum Sieg zwei Punkte Vorsprung nötig sind. Eine Partie geht üblicherweise über zwei Gewinnsätze.

Den Aufbau des Spielfeldes ohne Netz kannst du für eigene Spiele nutzen – zum Beispiel mit Badminton-, Tennis- oder Softballschlägern. Die Größe des Spielfeldes kannst du an Schlägerart und Ballflugeigenschaften anpassen. Um das Spielfeld im Freien zu markieren, nimmst du Markierungsplättchen, Mützen, Jacken oder Ähnliches.

171 *Der Badminton-Grundgriff*

Egal ob Badminton oder Speedminton: Für alle Spielformen gibt es eine Art Universalgriff, mit dem du den Schläger sicher hältst. Dabei legst du deine Handfläche so auf die breite Seite des Griffes, dass zwischen Handfläche und Daumen ein »V« entsteht, das in Richtung der linken Kante des Griffes zeigt.

172 FRISBEE-WELTREKORDE

Beim Frisbee gibt es mehrere verrückte Weltrekorde. So warf 1992 »Crazy« John Brooks eine Scheibe zu Yutaka Harashina und tunnelte dabei sagenhafte 112 Menschen. Du kannst ja auch mal ausprobieren, wie viele du schaffst. Hier einige weitere Rekorde, an denen du dich versuchen kannst:

Distance (Weitwurf):
338 Meter, David Wiggins Jr. (USA) 2016 (Männer)
173,3 Meter, Jennifer Allen (USA) 2016 (Frauen)

MTA (Maximum Time Aloft / Maximale Zeit in der Luft):
16,72 Sekunden, Don Cain (USA) 1984 (Männer)
11,81 Sekunden, Amy Bekken (USA) 1991 (Frauen)

TRC (Throw, Run & Catch / Werfen, Laufen & Fangen):
94 Meter, Christian Sandström (Schweden) 2003 (Männer)
60,02 Meter, Judy Horowitz (USA) 1985 (Frauen)

❖ ❖ ❖

173 RÜCKENSCHWIMMEN MIT BECHER

Rückenschwimmen ist ideal für Schwimmanfänger. Schließlich musst du bei diesem Stil nicht auf die Atmung achten wie beim Brust- oder Kraulschwimmen, da dein Kopf die ganze Zeit über dem Wasser bleibt. Generell ist beim Rückenschwimmen eine gerade, gestreckte Körperhaltung im Wasser wichtig. Deine Arme solltest du beim Eintauchen ins Wasser nach unten bewegen und nicht vom Körper weg, da du sonst zur Seite schwimmst. Um eine sichere Kopfhaltung zu trainieren, gibt es eine Übung, die erfahrene Schwimmprofis wie *Toni Embacher* empfehlen: Dafür füllst du einen Plastikbecher zur Hälfte mit Wasser und platzierst ihn auf der Stirn. Nun achtest du beim Rückenschwimmen darauf, dass der Becher nicht umkippt. Das ist gar nicht so einfach, trainiert aber deine Kopfhaltung.

174 JUNGER PROFI

Timo Boll hat im Tischtennis jede Menge Erfolge erzielt. Und er hat früh damit angefangen. Als er das erste Mal in der Bundesliga an einer Tischtennisplatte stand, war er gerade einmal 14 Jahre alt. Im Vergleich dazu wirkt selbst *Youssoufa Moukoko*, der mit 16 Jahren für Borussia Dortmund als jüngster Spieler in der Fußballbundesliga debütieren konnte, schon wieder ziemlich alt.

175 SPORTREPORTER SPIELEN

 Okay, zugegeben, das ist nicht wirklich ein Sport. Aber es hat definitiv etwas mit Sport zu tun. Frag mal deine Eltern, ob sie sich früher nicht auch mal als Reporter versucht haben. Sehr gut möglich, dass sie mit einem Kassettenrekorder (das war so eine Art Vorvorgänger der Bluetooth-Box) nachgestellte Fußball-Radioberichte aufgezeichnet haben.

Mach es ihnen ruhig nach: Sei ein Radioreporter und male dir ein Spiel deiner Lieblingsmannschaft aus, das du kommentierst. Du hast einen Lieblingsreporter? Dann imitiere ihn. Oder schlüpfe in die Rolle eines Fernsehexperten. Mach bei einem Live-Spiel im Fernsehen einfach den Ton aus und leg los. Du kannst natürlich auch zusammen mit Freunden einen Video-Clip mit Toren anschauen und einen kleinen Wettbewerb starten, wer das Tor am schönsten kommentiert.

Natürlich muss es auch nicht immer Fußball sein. Du kannst das Finale beim Amstel Gold Race 2019 (einem der spannendsten Radrennen überhaupt) nachkommentieren, einen Skisprung-Wettkampf oder ein Dressurreit-Turnier. Worauf immer du Lust hast!

❖ ❖ ❖

176 EIN TOLLER FILM ÜBER EXTREMES KLETTERN

 Wenn du einmal einen Film über Dinge sehen möchtest, die du auf keinen Fall nachmachen willst, ist der Dokumentarfilm »*Am Limit*« aus dem Jahr 1997 eine sehr gute Wahl.

Dieser Film zeigt Alexander und Thomas Huber, zwei Brüder aus dem Berchtesgardener Land, beim Klettern in Patagonien. Die beiden lieben zwar das Klettern, wollen aber offenbar so wenig Zeit wie möglich am Berg verbringen, weshalb sie gerne Geschwindigkeitsrekorde beim Kraxeln aufstellen. Spektakuläre Bilder! (ab 6 Jahren)

177 HANDTUCHBALL

Handtuchball ist so eine Art Tennis. Zwei Spieler werfen sich gegenseitig mit einem selbstgebastelten »Werfer« einen kleinen Ball oder kleine Säckchen zu. Pro Spieler wird ein altes Geschirrtuch (oder andere Stoffreste) geviertelt und an zwei Stöcken befestigt. Als Bälle können kleine Säckchen aus Stoffresten verwendet werden, die mit Reis oder anderem Getreide gefüllt werden. Dann ist das textile Vergnügen perfekt.

❖ ❖ ❖

178 RACKETLON: AUS VIER MACH EINS

Tischtennis, Badminton, Squash, Tennis. Wenn man diese vier Disziplinen verbindet, erhält man einen schönen Sporteintopf, der auf den Namen *Racketlon* hört. Das Prinzip dieses Mini-Turniers ist einfach: Alle Sportarten werden im klassischen Eins-gegen-eins-Modus ausgespielt – vom kleinsten bis zum größten Schläger. Insgesamt werden vier Sätze bis 21 Punkte ausgetragen. Wer zusammengerechnet am meisten Punkte sammelt, hat gewonnen.

❖ ❖ ❖

179 TORBALL IM SCHWIMMBAD

Wenn ihr im Schwimmbad genug Platz habt und die anderen Badegäste nicht stört, ist Torball ein lustiger Zeitvertreib. Zwei Mannschaften versuchen dabei, einen Ball zum gegnerischen Tor zu bringen – zum Beispiel eine Beckenwand. Das Besondere bei dieser Spielform besteht darin, dass der Ball nicht geworfen werden darf. Stattdessen darf er nur *unter* Wasser an einen Mitspieler weitergegeben werden. Ideal ist, wenn der Ball gar nicht an die Wasseroberfläche kommt. Durch geschicktes Täuschen von Pässen könnt ihr den Gegner in die Irre führen.

Wie beim Wasserball gewinnt nach einer festgelegten Spielzeit jenes Team, das die meisten Tore erzielt hat.

180 GOALBALL

*Goalball* ist eigentlich ein Mannschaftssport für Sehbehinderte. Es können aber auch sehende Menschen mitspielen. Probiere es doch einfach mal aus! Markiere ein Spielfeld mit zwei Toren. Zu einer Mannschaft gehören drei Spieler, deren Augen verbunden sind. Jeder setzt sich vor das eigene Tor und ist gleichzeitig Torwart und Angreifer. Gespielt wird z. B. mit einem leichten Gummiball, der abwechselnd Richtung gegnerisches Tor geworfen wird und dabei mindestens einmal aufkommen muss. Alle müssen sich komplett auf ihr Gehör verlassen.

Ein Schiedsrichter zählt die Tore und unterbricht die Partie bei unfairen Aktionen. Seit 1976 ist Goalball übrigens eine paralympische Sportart. Alle vier Jahre findet eine WM, alle zwei Jahre eine Europameisterschaft statt.

❖ ❖ ❖

181 ORIENTIERUNGSLAUF

Vielleicht hast du schon mal etwas mit Schülern aus Skandinavien zu tun gehabt. Vielleicht haben sie dir dann von einem Schulsport berichtet, der dir bislang unbekannt war. *Orientierungslauf* heißt diese Sportart, die in skandinavischen Ländern Volkssport ist. In vielen Schulen dort ist sie im Sportunterricht so selbstverständlich wie Leichtathletik und Turnen.

Beim Orientierungslauf geht es darum, mit Hilfe von Karten und/oder Kompass nacheinander verschiedene Kontrollpunkte, sogenannte »Posten«, zu finden, die im Gelände versteckt sind – zum Beispiel in Wäldern, in Parkanlagen, aber auch in Stadtgebieten oder in Hallen. Diese Posten sind in möglichst kurzer Zeit anzulaufen. Welche Route jeder Läufer wählt, ist ihm überlassen. Die Posten sind entsprechend nummeriert. Orientierungslauf ist eine richtige Sportart, die in Vereinen ausgeübt wird. Es gibt auf regionaler und internationaler Ebene spannende Wettbewerbe.

Für deinen eigenen Orientierungslauf benötigst du erst einmal eine nach Möglichkeit nicht zu allzu kleine Fläche, z. B. einen Garten oder Park, und eine Karte, auf der du markante Punkte sichtbar machst – etwa Bäume, Bänke, Sträucher, Gebäude. Wichtig sind die einzelnen Posten. Du kannst z. B. größere Steine nehmen und malst mit einem wasserfesten Stift verschiedene Zahlen darauf. Du kannst natürlich auch andere Dinge auswählen. Wichtig ist nur, dass sie eindeutig als Posten zu erkennen sind. Nun versteckst du sämtliche Kontrollpunkte und markierst die ungefähren Stellen auf der Karte. Die Mitspieler sollten dabei natürlich nicht mitbekommen, wo du die Kontrollpunkte hinterlegt hast. Dann bekommt der erste Akteur die Karte in die Hand und muss die Posten nacheinander finden, während jemand anderes die Zeit stoppt.

Damit alle an die Reihe kommen, ist es am besten, wenn ihr mehrere Karten mit verschiedenen eingezeichneten Routen erstellt – so kann sich jeder einmal auf die Suche machen.

182 TISCHBOULE

Von der letzten Party deiner Eltern steht noch eine sogenannte »Biertischgarnitur« im Garten? Oder im Keller döst eine Werkbank einsam und verlassen vor sich hin? Super! Das ist nämlich eine tolle Gelegenheit, Tischboule auszuprobieren. Der Holztisch ist dabei die Spielfläche. Nun brauchst du noch ein paar Gegenstände, die dank einer glatten Grundfläche prima rutschen – zum Beispiel Holzscheiben.

Beim Spiel geht es darum, seinen Spielstein so nah wie möglich an einen Zielpunkt zu werfen oder zu schieben, der sich auf dem Tisch befinden sollte. Scheiben, die nicht auf dem Tisch landen oder runterpurzeln, zählen nicht. Gewinner ist derjenige, dessen Gegenstand am Ende den kürzesten Abstand zum Zielpunkt aufweist. In der Picardie, einer französischen Region, ist das Spiel unter dem Namen »*L'Assiette*« so bekannt, dass es dort sogar Meisterschaften gibt.

Eine mögliche Variante: Ihr spielt ohne Zielpunkt, und es gewinnt derjenige, dessen Scheibe am nächsten am hinteren Tischende liegt.

183 FEDERBALL-GOLF

Für einen Federball-Parcours kannst du Eimer, Körbe oder Reifen nutzen, die als Ziel dienen oder die es auf einem Weg zum Ziel zu durchspielen gilt. Wie beim Minigolf baust du eine Strecke auf, die alle Spieler mit möglichst wenigen Versuchen absolvieren müssen. Es gewinnt natürlich derjenige, der insgesamt die wenigsten Schläge benötigt, um alle einzelnen Aufgaben zu lösen.

184 SCHNEEGOLF

Um Schneegolf zu spielen, braucht es nicht viel Equipment: einen kleinen Ball, einen Hockeyschläger oder Spazierstock. Schwieriger sieht es schon mit dem Schnee aus: Du benötigst eine feste Schneedecke, in die du an verschiedenen Stellen Löcher gräbst, in denen der Spielball verschwinden kann. Diese Löcher werden durchnummeriert. Wer die wenigsten Schläge bis zum letzten Loch braucht, ist Gewinner und darf sich Schneekönig nennen!

Variante:
Du baust wie beim Minigolf kleine Bahnen mit Hindernissen,
die etwa aus Schnee sein können. Dann gilt es, den Ball vom Startpunkt aus
mit so wenigen Schlägen wie möglich zum Zielloch zu schlagen.

185 DISCGOLF

Beim *Discgolf* geht es darum, von einem bestimmten Ausgangspunkt mit möglichst wenigen Frisbee-Würfen ein Ziel zu treffen – eben ganz so, wie du es vom Golfen kennst. Gestartet wird vom Abwurf aus. Weitergespielt wird stets von dort, wo die Frisbee-Scheibe gelandet ist. So geht es weiter bis zum Zielpunkt. Nach dem Abwurf spielt immer derjenige Spieler weiter, der vom Ziel noch am weitesten entfernt ist. Es ist daher gut möglich, dass jemand mehrmals hintereinander an der Reihe ist.

Nach dem Treffen des Ziels wird die Anzahl der benötigten Würfe notiert. Gewinner ist, wer nach Beendigung aller Bahnen die wenigsten Würfe gebraucht hat. Disc- bzw. Frisbee-Golf kannst du in Gärten, auf Wiesen oder in Parkanlagen spielen. Egal wo: Nehmt immer Rücksicht auch auf alle, die nicht mitspielen. Und respektiert bei der Auswahl der Strecken die Natur.

186 WIE DU DIR EINEN HOCKEYSCHLÄGER AUS ZEITUNGSPAPIER BASTELN KANNST

 Hockey ist ein schöner Sport, doch nicht immer hat man gerade ausreichend Hockeyschläger zur Hand, wenn man seine Fähigkeiten einmal ausprobieren möchte. In dem Fall kannst du dir einen Hockeyschläger auch selber basteln. Und zwar einen Schläger, mit dem du auch im Haus herumwirbeln kannst. Dafür brauchst du lediglich Zeitungspapier und Klebeband.

Du nimmst dir die Hälfte einer Tageszeitung (die deine Eltern am besten schon gelesen haben) und rollst sie der Länge nach eng zusammen. Dann schnappst du das Klebeband und klebst die erste Lage der Zeitung zusammen. Anschließend biegst du das eine Ende der Zeitung, verwendest auch dort Klebeband und weiteres Zeitungspapier zum Fixieren. Nun rollst du weitere Zeitungsseiten herum, bis der Schläger stabil ist. Am Schluss klebst du noch mal alles mit Klebeband zusammen. Die Zeitung muss dabei stets eng gerollt werden.

Wenn du genügend Schläger gebastelt hast, kann das Spiel losgehen. Dafür setzen sich die Spieler zweier Mannschaften auf Stühle und versuchen nun, einen Ball in das Tor des Gegners zu bugsieren. Sie müssen den Stuhl dabei immer mit einem Körperteil berühren. Ist der Ball einmal für niemanden erreichbar, bekommt der Nächstsitzende den Ball. Du kannst auch ohne Stühle spielen – am besten aber im »Eins gegen eins«.

187 WIE DU EINEN RICHTIGEN HOCKEYSCHLÄGER HALTEN SOLLTEST

So einen Hockeyschläger kannst du auf verschiedene Arten halten. Ein waschechter Schläger besteht dabei aus Griff, Schaft und Keule. Allgemein wird zwischen drei Griffarten unterschieden: dem Grundgriff, dem Schlaggriff und dem Drehgriff.

Grundgriff
Bei diesem Griff befindet sich die linke Hand seitlich am Schlägerende und die rechte Hand in der Schlägermitte. Arme und Schläger bilden zusammen eine Gerade. Der Grundgriff eignet sich zum Schieben, Schlenzen und Stoppen des Balles.

Schlaggriff
Um den Ball bei einem Torschuss oder einem Pass gut zu treffen, ist deine linke Hand seitlich am Schlägerende. Die rechte Hand rutscht beim Ausholen zur linken Hand hoch.

Drehgriff
Der Drehgriff ist ideal für das Dribbling. Du hältst die Hände dabei wie beim Grundgriff. Mit deiner linken Hand drehst du den Schläger nun von der Vorhand auf die Rückhand.

188 PETER SAGAN: WELTMEISTER MIT SUPERMARKTRAD

Peter Sagan ist nicht nur mehrfacher Rad-Weltmeister im Straßenrennen, auch seine Tricks auf dem Fahrrad erfreuen sich als YouTube-Videos großer Beliebtheit. Darin zeigt er zum Beispiel, wie man auf dem Rad Treppen steigen kann. Schon in jungen Jahren hat Peter Sagan angefangen, Rennen zu fahren. 2007 hat er ein Rennen auf ungewöhnliche Art und Weise gewonnen – auf einem billigen Supermarkt-Fahrrad, das er sich von seiner Schwester geliehen hatte. Bei Rennen stand er anfangs mit T-Shirt und Straßenschuhen am Start, während seine Kontrahenten nicht nur richtige Rennräder, sondern auch die normalerweise gängigen Radtrikots und -hosen anhatten. Man muss also nicht immer das beste Equipment und die teuerste Rennkleidung haben, um Spaß am Radrennen zu haben.

189 TENNIS-IDEEN

  Nicht jeder hat einen Tennisplatz im Garten. Umso besser, wenn du mit einfachen Mitteln Tennis spielen kannst. Du brauchst dafür Schläger aus Kunststoff oder Holz mit entsprechendem Ball (Soft- oder Tennisball) sowie ein Band oder eine Schnur als Netz. Markiere das Spielfeld – und los geht's. Statt der klassischen Tennis-Zählvariante kannst du einfachhalber auch nach den Tischtennis- oder Badminton-Regeln zählen.

Wenn ihr zu viert seid, könnt ihr auch mal ein *siamesisches Doppel* ausprobieren: Dabei spielen je zwei Spieler gegeneinander, wobei jedes Paar durch ein Band an den Fußgelenken wie siamesische Zwillinge verbunden ist. Bei noch mehr Spielern kannst du auch *Teamtennis* spielen (mit bis zu fünf Spielern pro Mannschaft). Dabei muss der Ball aber innerhalb der Mannschaft zwei Mal abgespielt werden, bevor er zurück übers Netz befördert wird – ähnlich wie beim Volleyball.

Solltest du keinen Garten haben, aber eine Wand, die mit elterlicher Erlaubnis Tennisbälle verträgt: Probier's mal mit *Wand-Tennis*. Zwei Spieler schlagen sich den Ball abwechselnd zu. Gegeneinander könnt ihr nach Punkten spielen. Zusammen könnt ihr den längsten Ballwechsel in Angriff nehmen – das geht natürlich auch als Teamwettbewerb.

 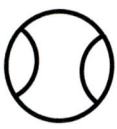    

190 SOLOTENNIS À LA ROGER

 Du suchst ein Vorbild für Solo-Tennis? *Roger Federer*, einer der besten Tennisprofis aller Zeiten, konnte schon in jungen Jahren stundenlang alleine Bälle dreschen – gegen eine Wand, das Garagentor oder sogar im Zimmer. Schrank und Geschirr waren vor dem kleinen Roger nicht sicher. Aber auch wenn Roger aus einem echten Tennishaushalt stammte: Als Kind probierte er Skifahren, Schwimmen, Tischtennis, Skateboarden, Handball, Basketball, Unihockey und Ringen. Bis zum Alter von zwölf Jahren spielte er sowohl Tennis als auch Fußball im Verein, erst dann entschied sich der talentierte Junge für den Tennissport. Ehrgeiz und Disziplin zeichneten Roger Federer übrigens im Sport aus – weniger in der Schule. Dort konnte es sogar vorkommen, dass er während des Unterrichts einschlief. Geschadet hat ihm das gelegentliche Nickerchen offenkundig nicht.

191 WO DU NICHT SURFEN SOLLTEST

Dieser Zeitungsbericht ging 2008 um die Welt: Ein australischer Teenager wollte mit einem Surfbrett auf einem Hausdach Wellenreiten üben. Leider rutschte er ab und landete auf dem Rasen des Gartens. Das Brett schoss dabei hinter ihm her und traf ihn höchst schmerzhaft an empfindlicher Stelle zwischen den Beinen. Abgesehen davon verletzte er sich zum Glück nicht.

192 LUFTMATRATZEN-RENNEN

Wenn du mit Freunden am Wasser bist und es dort erlaubt und ungefährlich ist, sich mit Luftmatratzen fortzubewegen, könnt ihr ein kleines Wettrennen veranstalten. Dafür legen sich alle Teilnehmer mit dem Bauch auf eine aufgeblasene Luftmatratze und versuchen, eine bestimmte Strecke so schnell wie möglich zurückzulegen. Zulässig ist dabei nur das Rudern mit den Armen.

❖ ❖ ❖

193 ROPE SKIPPING

Seilspringen mit Musik, richtigen Stunts und Tricks: Das ist *Rope Skipping*, bei dem sogar Wettbewerbe für Einzelstarter und Teams ausgetragen werden. In der Disziplin *Speed* geht es vor allem um Tempo, beim Mannschaftswettkampf *Double Dutch* schlagen zwei Helfer das Seil, während ein oder zwei Springer Salto, Radschlag und andere Figuren zum Besten geben.

Wenn du es selber ausprobieren möchtest, nimmst du ein Springseil und lässt über Musikboxen ein Lieblingslied laufen, zu dem du dann auf einem festen, ebenen Boden hüpfst. Achte darauf, dass die Schwungbewegungen des Seils aus deinen Handgelenken kommen und nicht aus den Armen. Bei einfachen Übungen sollte die Sprunghöhe auch nur zwei Zentimeter betragen.

Nun kannst du ein paar Sprünge ausprobieren: Beim Grundsprung oder *Basic-Jump* sind die Füße geschlossen und deine Arme angewinkelt. Am Anfang springst du so, dass erst bei jedem zweiten Hüpfer das Seil unter deinen Füßen durchgezogen wird. Wenn du sicherer bist, kannst du versuchen, das Seil bei jedem Hüpfer durchzuziehen. Beim *Cross-Jump* bzw. Kreuzsprung springst du nach jedem fünften Sprung höher und versuchst dann die Arme beim Überspringen des Seils vor dem Oberkörper zu kreuzen.

Für Fortgeschrittene gibt es zahlreiche weitere anspruchsvolle Sprünge wie beispielsweise den *High-Jump*: Dabei springst du bei jedem fünften oder sechsten Sprung etwas höher und versuchst, das Seil zweimal unter deinen Füßen durchzuziehen.

194 RADREKORDE

Der Schweizer Manfred Nüscheler hat einen beeindruckenden Radrekord aufgestellt. Am 13. Mai 1991 konnte er eine Leistung von über 1.000 Watt eine Minute lang auf einem Rollenrad aufrechterhalten. Nüscheler erzeugte hierbei so viel Strom, dass damit 100 Rasierapparate betrieben werden könnten.

Der Chinese Wang Jianguang hält unterdessen den Weltrekord beim Fahrradfahren auf Glasflaschen. Er benötigte für eine Strecke von zehn Metern nur 29 Sekunden. Jianguang fuhr mit einem handelsüblichen Fahrrad ohne besondere Ausrüstung.

195 BERGAUF IM NIEDRIGSTEN GANG

Wahrscheinlich ist dir schon aufgefallen, dass die allermeisten Fahrräder mehrere Gänge haben. Manche Räder haben drei Gänge zum fleißigen Rauf- und Runterschalten, andere haben dreißig. Teste doch einfach mal an einer ansteigenden Straße, wie schnell du bergauf fahren kannst, wenn du ausschließlich im kleinsten Gang fährst. Du kannst auf einer Strecke, bei der du vorher Start- und Zielpunkt festlegst, gegen einen anderen Fahrer antreten, der auch nur im kleinsten Gang unterwegs ist. Oder du machst einen Zeitfahrwettbewerb daraus, bei dem von jedem Teilnehmer die Fahrzeit gestoppt wird, die er für dieselbe Strecke benötigt. Das wichtigste Gebot bei der Auswahl der Strecke ist natürlich, dass du immer auf den Verkehr achtest. Am meisten Spaß macht das Ganze übrigens auf einer nur leicht ansteigenden Strecke.

196 SPORT ALS SCHULE DES LEBENS

»Ich habe keine Bücher gelesen, keine Musik gemacht. Aber im Sport habe ich alles gespielt. Wenn ich einem Ball hinterhergerannt bin, war das Leben für mich okay.«

—

Dirk Nowitzki, Basketballer

197 AUSREDEN FÜR EINE EINGESCHOSSENE FENSTERSCHEIBE

»Die Sonne hat mich so geblendet,
dass ich das Fenster leider nicht gesehen habe.«

»Ihr wunderschönes Gartenarrangement hat mich leider so abgelenkt,
dass ich gar nicht gesehen habe, wohin ich geschossen habe.«

»Habe ich mir doch gedacht, dass das Fenster nur einfachverglast ist.
Da gibt es doch sicher Fensterscheiben mit einer besseren Wärmedämmung.
Das ist auch besser für den Klimaschutz!«

»Ich habe mein Spiegelbild im Fenster gesehen und mich darüber
dermaßen erschrocken, dass mein Schussbein leider eine
unvorhergesehene Bewegung gemacht hat.«

»Das war nicht ich, das war mein Fuß.«

»Mein Vater arbeitet bei einer Firma, die Fenster herstellt, und der es wirtschaftlich gerade nicht so gut geht. Daher war das jetzt so eine Art Wirtschaftshilfe.«

198 MOTIVATIONSHILFE

»Du schaffst es vielleicht nicht ganz an die Spitze,
aber wenn du das tust, was du liebst, wirst du mehr Glück
und Freude finden als mit Reichtum und Ruhm.«
—
Tony Hawk, Skateboarder

199 DER GRÖSSTE ALLER ZEITEN?

Muhammad Ali ist nicht nur einer der größten Boxer aller Zeiten, sondern auch einer der bekanntesten Sportler überhaupt. 1999 wählte ihn das Internationale Olympische Komitee zum »Sportler des Jahrhunderts«. Sein Schwergewichts-Kampf gegen George Foreman 1974 ist als »*Rumble in the Jungle*« in die Geschichte eingegangen. Zum vermeintlich größten Box-Kampf aller Zeiten gibt es nicht nur Filme, sondern auch einen eigenen Comic.

Der Start der überaus erfolgreichen Karriere der 2016 verstorbenen Box-Legende war mit einem Fahrraddiebstahl verbunden. Cassius Clay – so der Geburtsname von Muhammad Ali – war zwölf Jahre alt, als er 1954 mit seinem Rad zu einem Markt in seiner Heimatstadt Louisville aufbrach. Als er sich auf den Heimweg machen wollte, musste er feststellen, dass sein heißgeliebtes Zweirad nicht mehr an seinem Platz war. Voller Wut rannte er zu einem Polizisten und kündigte dem Dieb bei dieser Gelegenheit vorsichtshalber schon mal eine ordentliche Tracht Prügel an. Der Polizist, mit dem er sprach, leitete eine Boxschule und war anscheinend angetan von Cassius' energischem Auftritt. Er lud ihn zum Probetraining ein. Schon wenige Wochen später stand der Junge im Ring und gewann seinen ersten Box-Kampf nach Punkten. Angeblich soll er dabei in die Halle gerufen haben: »Seht mich gut an. Ich werde bald der Größte aller Zeiten sein!«

200 REGELN FÜR FAIRES RAUFEN

Kinder, die miteinander raufen,
sind niemals Gegner,
sondern immer Partner.

Schimpfwörter und Beleidigungen sind verboten.

Keiner tut dem anderen absichtlich weh.

Die Berührung findet ausschließlich an Schultern, Armen,
Händen, Beinen und Füßen statt. Beißen und Schlagen sind verboten.

Ein Kampf kann jederzeit abgebrochen werden.

Alle Kinder passen auf, dass niemand verletzt wird.
Sie tragen gemeinsam die Verantwortung.

201 IN DER GANZEN WELT ZU HAUSE: RINGEN

Zwei Menschen in komisch aussehenden Turnanzügen, die ineinander verschränkt sind, offenkundig viel schwitzen und sich gegenseitig am Boden hin und her schieben: Willkommen beim Ringen! Ringen zählt zu den klassischen Sportarten schlechthin. Bei den Olympischen Spielen der Antike gehörte es zum Fünfkampf – neben Laufen, Springen, Diskuswurf und Speerwurf.

Auf der ganzen Welt gibt es viele Varianten dieser Kampfsportart. Zum Beispiel das *Ranggeln* in Österreich, eine Sportart mit keltischen Wurzeln, 1518 erstmals urkundlich im Salzburger Pinzgau erwähnt. Noch heute schwört man hier darauf, dass das Ranggeln das ehrlichste Kräftemessen der Burschen im Alpenraum sei. Bei dieser Form des Ringens geht es darum, den Kontrahenten mittels Hebel- und Wurftechniken auf die Schulter zu werfen.

Eine andere alpine Variante des Sports ist das *Schwingen* in der Schweiz. Hier tragen die beiden Kämpfer über ihren Kleidern eine kurze, aus besonders reißfestem Gewebe gearbeitete Hose. Diese Hose spielt bei dem Versuch, den Gegner auf den Rücken zu kriegen, eine große Rolle. Der Kampf, der normalerweise fünf Minuten dauert, ist beendet, wenn ein Schwinger ganz oder zumindest bis zur Mitte beider Schulterblätter den Boden berührt.

Glima heißt eine Variante des Ringens, die auf Island verbreitet ist. Die Besonderheiten der Regeln im Vergleich zum klassischen Ringen: Die beiden Gegner müssen immer aufrecht stehen und umkreisen sich ständig. Man darf sich nicht auf den Gegner fallen lassen oder ihn niederstoßen. Am Ende gewinnt derjenige, dessen Gegner auf dem Boden liegt, während man selbst noch steht.

Es gibt noch etliche weitere Ringer-Spielarten auf der ganzen Welt. Auch du kannst mit deinen Freunden ein paar verschiedene Kampf-, Ringer- und Raufspiele ausprobieren, die im Folgenden vorgestellt werden.

202 EIN EINFACHES RAUFSPIEL

Zwei Kontrahenten stehen sich mit Kontakt der Handinnenflächen gegenüber. Dann versucht jeder, den anderen aus dem Gleichgewicht zu bringen. Derjenige, der als Erster einen Fuß versetzt, hat verloren.

Bei einer launigen Variante stehen beide auf einem Bein und fassen sich an den Händen. Durch Zug- und Druckbewegungen mit den Armen, gerne auch verbunden mit Sprüngen in alle Richtungen, versuchen sie nun, den anderen dazu zu bringen, auf beiden Füßen zu stehen.

203 EIDECHSENKAMPF

Zwei Gegner befinden sich in der Liegestützposition und versuchen, den anderen durch Fassen und Ziehen am Handgelenk in die Bauchlage zu befördern. Der Körper sollte dabei gestreckt und die Füße geschlossen bleiben.

❖ ❖ ❖

204 RÜCKENRINGEN

Zwei Spieler sitzen mit eingehakten Armen Rücken an Rücken. Beide versuchen nun, den anderen in dessen Richtung über eine zuvor markierte Auslinie zu drücken – ohne den Griff zu lösen.

❖ ❖ ❖

205 ARMDRÜCKEN AUF DEM BODEN

Zwei Kontrahenten liegen auf dem Bauch und messen sich im Armdrücken. Derjenige, der den Handrücken des Gegners auf den Boden drückt, hat gewonnen. Die Ellbogen dürfen nicht vom Boden angehoben werden.

❖ ❖ ❖

206 ÜBER DIE LINIE ZIEHEN

Zwei Gegner stehen sich gegenüber und fassen sich an den Händen. Zwischen ihnen befindet sich eine Linie, die keiner überschreiten darf. Auf ein Kommando hin versuchen nun beide, den Gegner über die Linie zu ziehen.

207 RINGTENNIS

 Das Spielgerät wird über ein Netz in die gegnerische Hälfte befördert – das ist auch schon die einzige Gemeinsamkeit zwischen *Ringtennis* und dem normalen Tennis. Statt Schläger und Filzbällen nutzen die Spieler einen Ring aus Moosgummi. Diesen werfen sie über das knapp 1,5 Meter hohe Netz, um ihn in der Spielhälfte des Gegners zu platzieren. Zunächst aber muss der Ring an Flughöhe gewinnen, damit er nicht sofort vom Gegner zurückgeschmettert werden kann. Fängt dieser Spieler den Ring, darf er noch zwei Schritte machen, bevor er wieder abspielen muss – jeder Bodenkontakt mit dem Fuß zählt. Außerdem muss das Fangen und Werfen in einer flüssigen Bewegung erfolgen. Wird die Bewegung unterbrochen, handelt es sich um ein Foul und der Gegenspieler bekommt einen Punkt zugesprochen.

Wenn du Ringtennis spielen möchtest, kannst du diese Regeln zugrunde legen:
- Ein Punkt wird erzielt, wenn der Wurfring im Feld des Gegners auf dem Boden landet.
- Der Tennisring muss einhändig geworfen und gefangen werden.
- Das Netz darf nicht berührt werden.
- Das Schmettern des Rings von oben nach unten ist verboten.
- Eine Unterbrechung in der Wurfphase, um den Gegner zu täuschen, ist nicht erlaubt.
- Wurf- und Fangfehler werden mit einem Punkt für den Gegner bedacht.
- Die Spielzeit beträgt 2 x 10 Minuten (mit Seitenwechsel).
- *Alternative*: Das Spiel ist beendet, wenn ein Spieler 5 Punkte erreicht hat.

208 WIE GEHT EIGENTLICH... PADDELN

 Ob Kanu, Kajak, Kanadier oder Ruderboot: Es gibt viele Wege, um im Wasser voranzukommen. Ein Paddel ist in jedem Fall von Vorteil. Gerade wenn du noch nicht so vertraut mit dem Paddeln bist, können dir die hier erläuterten Grundtechniken helfen. Dass du nur in ein Boot steigst, wenn du gut schwimmen kannst, versteht sich von selbst.

Paddelhaltung

Halte das Paddel knapp über dem Kopf in die Höhe. Die optimale Griffbreite ist erreicht, wenn Ober- und Unterarm nun einen 90-Grad-Winkel bilden.

Grundschlag

Setze das Paddel vorne ein und führe es parallel am Boot entlang. Achte darauf, dass du die Bewegung nicht nur mit den Unterarmen ausführst, sondern dass sich auch dein Oberkörper mitdreht. Wenn das Paddel auf der Höhe deiner Hüfte ist, hörst du mit dem Paddelzug auf und wechselst die Seite.

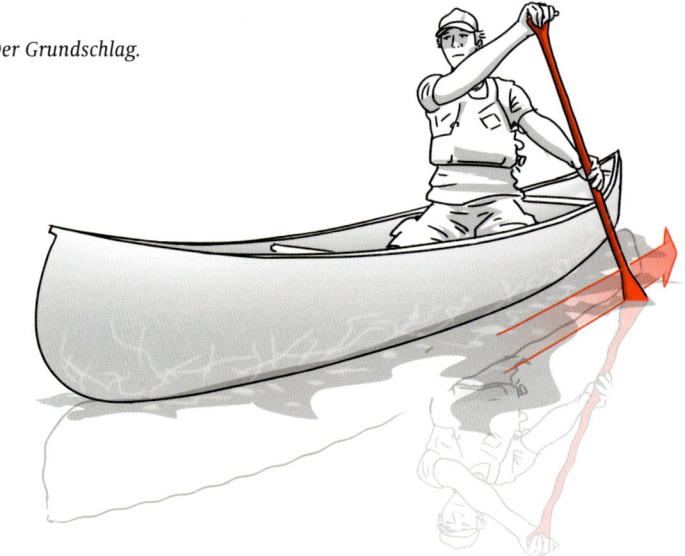

Der Grundschlag.

Bogenschlag

Mit dem Bogenschlag kannst du die Richtung eines Boots drehen – entweder vorwärts oder rückwärts. Aus dem Grundschlag heraus fasst du dafür mit gestrecktem Arm weit vorne ins Wasser und führst das Paddel in einem Bogen um die Körpermitte herum. Für eine Vorwärts-Drehung führst du den Bogenschlag von der Bugspitze (vorne am Boot) zum Heck (hinten am Boot) aus. Bei der Rückwärts-Drehung ist es umgekehrt: Da führst du das Paddel von der Spitze des Hecks bis zur Bugspitze.

Der Bogenschlag.

Ziehschlag

Hier positionierst du das Paddelblatt auf Körperhöhe neben dem Boot und ziehst dich seitlich zum Paddel. Wichtig ist, dass du dich nicht zu weit rauslehnst. Der Körperschwerpunkt sollte im Boot bleiben.

209 RITUALE VON SPITZENSPORTLERN: IMMER SCHÖN DIE ZÄHNE PUTZEN!

 Viele Profisportler sind abergläubisch. Mancher trägt immer dieselben Glückssocken, andere wechseln die Socken mehrmals am Tag. Ein Meister seines Faches war der US-amerikanische Baseballspieler *Turk Wendell*, der vom Magazin »*Men's Journal*« nicht umsonst zum »abergläubischsten Sportler« überhaupt gekürt wurde. Wendell war von 1993 bis 2004 als Werfer (»Pitcher«) für die Chicago Cubs, die New York Mets, die Philadelphia Phillies und die Colorado Rockies aktiv. Bekannt wurde er unter anderem dadurch, dass er sich zwischen den Innings – so werden die Spielabschnitte beim Baseball genannt – die Zahnbürste schnappte und sich die Zähne putzte. Dabei versteckte er sich unter dem Unterstand oder in irgendeiner Ecke. Vielleicht hatte das mit einem anderen seiner Ticks zu tun: So kaute er auf dem Spielfeld gerne mal schwarzes Lakritz.

210 TISCHTENNIS-VARIANTEN

Wer eine Tischtennisplatte hat, wird gewiss schon Einzel, Doppel oder Rundlauf ausprobiert haben. Es gibt jedoch noch weitere Spielmöglichkeiten für diese rasante Ballsportart.

Sitztischtennis
Beim Sitztischtennis brauchst du Stühle ohne Armlehnen, auf die sich beide Spieler setzen und dann ein paar Ballwechsel auf die Platte zaubern.

Karo
Du kannst auch einfach ohne Netz spielen: Diese Variante wird »Karo« genannt. Dafür kannst du auch einfach die beiden Platten auseinanderziehen. Dann sollte der Ball bei den Ballwechseln natürlich nicht in die entstandene Lücke fallen.

Amerikanisches Tischtennis
Beim sogenannten »amerikanischen Tischtennis« spielen zwei Doppel gegeneinander – allerdings mit zwei Bällen. Je zwei Partner spielen sich den Ball diagonal oder parallel zu.

Grabentennis
Wenn du keine Tischtennisplatte hast: Versuch es mal mit Biertischen oder anderen Tischen. Statt eines Netzes lässt du einfach etwas Platz zwischen zwei Tischen.

211 DIE SCHNELLSTE ROTE KARTE IN EINEM FUSSBALLSPIEL

Diesen Rekord kannst du nicht unterbieten. Egal, was du auch versuchst. Im besten Fall kannst du gleichziehen. Der jamaikanische Fußballspieler *Walter Boyd* flog am 24. November 1999 bei der Begegnung FC Swansea gegen Darlington nach sage und schreibe 0 Sekunden Spielzeit vom Platz. Und das verhielt sich so: Die Mannschaft von Boyd sollte einen Freistoß bekommen, weshalb der Schiedsrichter das Spiel unterbrach. Der Stürmer Boyd wurde nun eingewechselt, lief auf den Platz, wo er einem Gegenspiel seinen Ellenbogen ins Gesicht schlug. Der Schiedsrichter, der das Spiel noch nicht wieder angepfiffen hatte, zeigte Boyd daraufhin die Rote Karte. Der frisch eingewechselte Spieler musste das Feld wieder verlassen, bevor das Spiel erneut angepfiffen worden war.

212 WASSERBOMBEN-PINGPONG

 Zwei Spieler stehen sich gegenüber. Bei mehreren Mitspielern kannst du einen Kreis oder mehrere Teams bilden. Nun werfen sich die Mitspieler abwechselnd die Wasserbombe zu. Nach jedem Wurf geht der Mitspieler, der geworfen hat, einen Schritt zurück, um den Abstand immer weiter zu vergrößern. Je größer der Abstand wird, desto stärker muss natürlich auch geworfen werden. Bis das Unvermeidliche passiert und die Wasserbombe platzt…

213 BOCCIA-VARIANTEN

 Wahrscheinlich kennst du das klassische Boccia- oder Boule-Spiel. Bei diesem beliebten Wurfspiel gilt es, seine eigenen Kugeln möglichst nah an eine kleinere Zielkugel zu setzen bzw. die gegnerischen Kugeln vom Ziel wegzubefördern. Es gibt etliche Varianten für das Spiel. Lustig und schnell ist zum Beispiel das Spiel *Bombe*, bei dem alle Spieler ihre Kugeln auf ein Kommando zur gleichen Zeit werfen. Spaß und überraschende Resultate verspricht das *Beidhänder-Spiel*, bei dem du in jeder Hand eine Kugel hältst und beide zeitgleich wirfst.

214 PFÜTZENBOCCIA & CO.

 Es hat mal wieder in Strömen geregnet? Gut so, denn dann tauchen an der einen oder anderen Stelle ein paar Pfützen auf, mit denen sich spielen lässt. Beim *Pfützenboccia* geht es darum, dass du in die Mitte einer möglichst großen Pfütze einen großen Stein legst. Nun wirft jeder Mitspieler ein kleines Steinchen in die Mitte. Gewinner ist derjenige, dessen Stein auf dem großen Stein liegen bleibt.

Ein anderes kurzweiliges Pfützenspiel erfordert von dir etwas Sprungkraft. Beim *Pfützenspringen* geht es nämlich darum, dass alle Mitstreiter sich eine Pfütze aussuchen. Dann heißt es, auf ein Startkommando hin so lange in die eigene Pfütze zu springen, bis sie leer gehüpft ist. Achtet darauf, dass die Pfützen von der Größe her ungefähr zu der Größe der Spieler passen.

Ein weiterer Zeitvertreib ist das Pfützenspringen mit einem Stock als Hilfsmittel. Klingt komisch? In Nordfriesland erfreut sich das *Pultstockspringen* großer Beliebtheit – so heißt der Stabweitsprung über Kanäle, Bäche und Gräben.

215 CROSS-BOCCIA: EROBERE DIE STADT

Wenn du schon einmal in Frankreich warst, hast du in Parkanlagen oder auf Plätzen der Innenstadt gewiss schon mal mitbekommen, wie vor allem ältere Leute Boule bzw. Boccia spielen. Mittlerweile hat das traditionelle Kugelwerfen auch einen jüngeren Verwandten bekommen: *Cross-Boccia* ist ziemlich actionreich und wird nicht nur in Großstädten gespielt, sondern eigentlich überall dort, wo Bälle liegen bleiben können.

Die Spielidee ist dieselbe wie beim Boccia: Die Mitspieler versuchen, den eigenen Ball so nah wie möglich an ein vorher festgelegtes Ziel zu spielen. Jeder hat drei Bälle und somit drei Würfe. Die Spieler werfen abwechselnd der Reihe nach. Am Ende einer Runde gibt es einen Punkt für jeden Ball, der näher am Zielpunkt liegt als die gegnerischen Bälle. Eine Partie ist gewonnen, wenn ein Spieler aus zwei Sätzen siegreich hervorgegangen ist. Ein Satz besteht aus 13 Punkten, muss aber mit mindestens zwei Punkten Unterschied gewonnen werden.

Cross-Boccia wird mit eigens dafür entwickelten Bällen gespielt, die an einen Hacky Sack erinnern. Die weichen Bälle sind mit Granulat gefüllt und bleiben daher auch in abschüssigen Ecken liegen.

216 ALTES SPIEL: »ICH ERKLÄRE DEN KRIEG«

Als deine Eltern und Großeltern klein waren, spielten Kinder häufiger mal Krieg. Bei diesem Reaktionsspiel wurde mit Kreide ein Kreis auf die Straße gemalt und in einzelne Tortenstücke aufgeteilt – für jeden Mitspieler eines. Jeder schrieb einen Ländernamen in sein Feld. Alle Kinder standen nun um den Kreis. Ein Kind hatte ein Holzstück und rief »Ich erkläre den Krieg gegen ... XY«, dann warf es das Holz in das Feld des genannten Landes. Alle Kinder rannten weg – bis auf das Kind, dessen Land gerufen worden war. Dieses musste schnell auf das in den Kreis geworfene Holz treten und laut »Stopp« rufen, woraufhin die anderen stehen zu bleiben hatten. Nun musste der Spieler mit dem Holzstück versuchen, einen der Mitspieler zu treffen. Diese durften sich nicht von der Stelle bewegen, wohl aber dem geworfenen Holzstück ausweichen. Wurde jemand getroffen, musste er ein Stück seines Landes hergeben – zum Beispiel eine Fußlänge. Ein Spieler, der keine Länderfläche mehr hatte, schied aus. Statt eines Holzes kannst du andere Gegenstände nehmen (kleine Bälle sind natürlich ideal) – vorausgesetzt, es tut nicht weh, wenn man getroffen wird.

217 KINDHEITSERFAHRUNGEN: NIEMALS AUFGEBEN

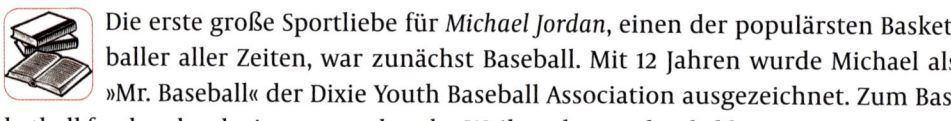

Die erste große Sportliebe für *Michael Jordan*, einen der populärsten Basketballer aller Zeiten, war zunächst Baseball. Mit 12 Jahren wurde Michael als »Mr. Baseball« der Dixie Youth Baseball Association ausgezeichnet. Zum Basketball fand er durch ein entsprechendes Weihnachtsgeschenk: klar, einen Basketball. In jungen Jahren spielte Michael gerne im heimischen Garten gegen seinen älteren Bruder Larry – der Vater hatte ihnen eine Korbanlage gebaut. Michaels Talent war aber nicht nur auf diese zwei Ballsportarten begrenzt: Auch im Football wurde er als Quarterback ausgezeichnet. 1977 wechselte er an die Laney High School. In der 10. Klasse schaffte er es aber vorerst nicht in die Basketball-Auswahlmannschaft. Die Enttäuschung über die verfehlte Nominierung spornte ihn weiter an. Eine Saison später hatte er es in das Team geschafft und gewann erste Titel. Es sollten nicht die letzten sein...

Der legendäre »Air Jordan«. Vielleicht wird nach dir ja auch mal ein Sportschuh benannt.

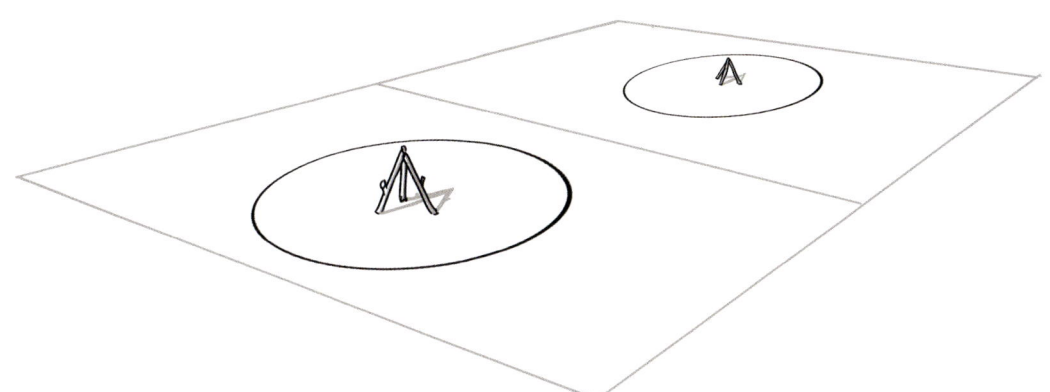

218 DREI STÖCKLE

 Dieses Lauf- und Fangspiel könnt ihr im Wald oder im Park ausprobieren. Auf jeden Fall braucht ihr ein großes Gelände, auf dem ihr euch frei bewegen könnt. Zunächst teilt ihr das Spielfeld in zwei Hälften auf. Jede Mannschaft stellt in ihrer Hälfte eine Pyramide aus drei Stöcken auf. Die beiden Pyramiden sollten durchaus 100 oder 200 Meter auseinander stehen, damit das Spiel Spaß macht und euch aus der Puste bringt. Um die Pyramiden herum wird ein »Bannkreis« von 5 Metern markiert. Dafür könnt ihr z. B. ein paar kleinere Zweige nehmen. Aufgabe jeder Gruppe ist es nun, die Pyramide des gegnerischen Teams zu erreichen und umzustoßen. Das erfordert meist auch kluge Scheinangriffe und Ablenkungsmanöver. Denn Achtung: Spieler, die sich in der »feindlichen« Hälfte befinden, können durch Abschlagen gefangen genommen werden. Die Gefangenen werden dann jeweils in den Bannkreis verbracht. Erreicht ein Spieler den Bannkreis und wurde zuvor nicht abgeschlagen, darf dieser die Pyramide umwerfen. Damit sind auch automatisch alle Gefangenen befreit und erhalten freien Abzug bis ins eigene Spielfeld. Gewonnen hat die Mannschaft, die am häufigsten die Pyramide umwerfen konnte. Zudem kann man eine Spielrunde siegreich beenden, wenn man alle Gegner gefangen hat.

219 AUF NACH HAMBURG: KREEKFAHREN!

 Das gibt es eigentlich nur im winterlichen Hamburg: *Kreekfahren*. Eine Kreek ist nämlich ein flacher, breiter Kastenschlitten aus Holz, der sich mit einer Holzlatte steuern lässt. Die bekannteste Kreek-Strecke befindet sich im Hamburger Stadtteil Blankenese und ist etwa 450 Meter lang. Die Schlitten erreichen hier schon mal die beachtliche Geschwindigkeit von 60 Kilometern pro Stunde. Der Hamburger rümpft übrigens die Nase, wenn in diesem Zusammenhang von »Rodeln« die Rede ist. Stattdessen spricht er von »Rüschen«.

220 BECHERSTAPELN ALS SPORT

Dieser Sport ist nichts für Durstige. Beim *Sport Stacking* dreht sich nämlich alles um (leere) Becher. Dabei geht es darum, mit einem Satz von zwölf Bechern eine Pyramide in einer bestimmten Reihenfolge auf- und wieder abzubauen. Natürlich so schnell wie möglich und ohne Fehler. Die speziellen Becher wurden in den 1980er Jahren in Kalifornien erfunden. Es gibt sogar einen Weltverband – die World Sport Stacking Association –, der Weltmeisterschaften organisiert und Rekordlisten in verschiedenen Altersklassen führt.

❖ ❖ ❖

221 HEADIS: TISCHTENNIS MIT KÖPFCHEN

Diese Sportart ist noch sehr jung, wurde sie doch erst im Jahr 2006 erfunden. Ein Sportstudent soll sich das Ganze bei einem Besuch in einem Freibad in Kaiserslautern ausgedacht haben. (Du siehst also, wie kreativ ein Freibadausflug sein kann – oder ein Aufenthalt in Kaiserslautern…)

Headis bedeutet so viel wie »Kopfballtischtennis«. Zwei Spieler duellieren sich an einer Tischtennisplatte, nur dass sie eben keinen Schläger in der Hand halten, um einen superleichten Plastikball zu treffen. Stattdessen spielen sie den Ball mit ihrem Kopf. Jener Ball ist auch deutlich größer als beim Tischtennis, besteht aus Gummi und wiegt 100 Gramm. Zum Vergleich: Ein handelsüblicher Tischtennisball wiegt keine 3 Gramm.

Die Regeln unterscheiden sich etwas vom Tischtennis: Die Spieler dürfen den Ball auch direkt nehmen und beim Ballwechsel die Platte mit allen Körperteilen berühren. Nach jedem gespielten Ball muss aber ein Körperteil den Boden berühren – schließlich soll kein Spieler einfach auf der Platte liegen bleiben. Die Zählweise ist wiederum identisch wie beim Tischtennis. Ein Satz ist entschieden, wenn ein Spieler elf Punkte erzielt hat – zwei Punkte Vorsprung vorausgesetzt. Es werden mehrere Gewinnsätze gespielt.

Wer eine Tischtennisplatte oder einen vergleichbaren ebenen (und robusten) Gartentisch hat, kann ja mal mit Gummibällen sein Glück probieren. Zu hart sollten die Bälle auf keinen Fall sein – dein Kopf wird es dir danken.

❖ ❖ ❖

222 BILLARD MIT FUSSBÄLLEN

Augen auf! In manchen Großstädten kann man *Pool-Ball* spielen: Billard mit Fußbällen. Statt eines Stocks nutzen die Spieler ihre Füße, um mit einem weißen Ball andere farbige Bälle in die Ecklöcher zu bugsieren. Die Spielfläche ist dabei deutlich größer als beim Billard und darf betreten werden. Beim Poobillard empfiehlt es sich hingegen weniger, auf den Tisch zu klettern.

223 BANDY – DIE VORFORM DES EISHOCKEYS

Wer sich für Sport interessiert, hat gewiss mal ein Eishockey-Spiel im Fernsehen verfolgt. Vielleicht bist du auch schon in einer Eishalle gewesen und hast versucht, den Puck mit den Augen zu verfolgen. Das ist alles andere als einfach, da Eishockey ein verdammt rasanter Sport ist. Was viele nicht kennen dürften, ist *Bandy*. So heißt der Vorläufer des Eishockeys, der heute noch vor allem in Nord- und Osteuropa sowie in Nordamerika gespielt wird. Die Regeln dieses Teamsports ähneln aber mehr denen von Fußball und Feldhockey als denen beim Eishockey.

Das Spielfeld ist so groß wie ein Fußballplatz. Eine Mannschaft hat elf Spieler, es gibt zwei große Tore (3,50 Meter breit) und einen Strafraum. Gespielt wird mit Schlägern, die eine Mischung aus Eishockey- und Feldhockey-Schlägern sind, und einem Ball. Die Torhüter haben keine Schläger, Helme sind Pflicht.

224 BESENHOCKEY

Floorball ist eine Mixtur aus Hockey und Eishockey, die in der Halle mit Kunststoffschlägern gespielt wird. Da der Plastiklochball – häufig auch Unihockeyball genannt – mit beiden Seiten des Schlägers gespielt werden darf, ist das Spiel ziemlich schnell. Die Regeln sind strenger als beim Eishockey. Es ist im Zweikampf lediglich das Drücken mit der Schulter erlaubt. Grundsätzlich darf man den Ball nur mit dem Floorball-Schläger spielen, der übrigens eine größere Kelle aufweist als der Schläger beim Feld- oder Hallenhockey.

Wenn du zu Hause eine rasante Hockey-Partie spielen möchtest, brauchst du dafür nichts weiter als zwei Stühle, Luftballons und Besen. Als Tore fungieren die beiden Stühle, durch deren Beine ein Luftballon passen sollte. Die Spieler versuchen nun, den Ballon mit ihren Besen ins gegnerische Tor zu befördern. Der Ball darf aber nur am Boden gespielt werden – nicht in der Luft! Für jedes Tor gibt es zwei Punkte. Geht der Ballon vorher kaputt, bekommt die Mannschaft, die für den Ballonverlust verantwortlich ist, einen Punkt abgezogen. Torhüter gibt es nicht.

225 BRENNBALL-BASEBALL

»Baseball ist die populärste Sportart in Amerika, weil sie so langsam ist. Jeder Idiot kann das Spiel verfolgen. Und so ziemlich jeder Idiot kann es spielen«, hat Gore Vidal, ein bekannter Schriftsteller, einmal gesagt. Klingt einleuchtend. Baseball zählt tatsächlich zu den meistpraktizierten Sportarten in den USA. Die Regeln erinnern ein wenig an Brennball, das du vermutlich aus dem Sportunterricht kennst – nur dass hier der Ball nicht nur geworfen wird, sondern danach mit einem speziellen Holzschläger durch die Luft zu befördern ist.

Es gibt weltweit verschiedene Baseball-Varianten. In Russland z. B. betreibt man *Lapta*, das an Cricket und Baseball erinnert. In Finnland spielt man *Pesäpallo*, zu dem sich der Finne Lauri Pihkala während eines USA-Besuchs hat inspirieren lassen. Auf dem Spielfeld, das im Vergleich zum amerikanischen Baseball viel schmaler ist, stehen sich zwei Mannschaften gegenüber, zu denen je neun Spieler gehören (Schlagmänner und Läufer). Auf dem Spielfeld sind drei Nester (Pesäs), die die Läufer eines Teams anlaufen müssen.

Eine nette Baseball-Variante zum Selberausprobieren ist *Brennball-Baseball*. Dafür benötigst du zwei Mannschaften und ein quadratisches Spielfeld im Freien, das ca. 30 x 30 Meter groß ist und nach hinten eine Verlängerung besitzt. Als Ball kannst du einen Tennisball verwenden, ideales Schlagholz ist ein Kinderbaseballschläger mit Schaumgummiüberzug. Für das Spielfeld brauchst du ein Brennmal in der Mitte des Feldes, dafür kannst du einen Karton, eine Jacke oder Markierungsscheiben nehmen. Darüber hinaus sind die vier Ecken des Spielfelds zu markieren: Eins ist das Startmal, von wo der Ball geschlagen wird, die anderen die Freimale, die von den Spielern anzulaufen sind. Die Fangmannschaft verteilt sich innerhalb des Felds, die Spieler der Schlagmannschaft warten hinter dem Startmal.

Die jeweilige Schlagmannschaft versucht, den Ball mit Hilfe des Schlägers so weit wie möglich ins Feld (oder darüber hinaus) zu befördern. Hat der Spieler den Ball gut getroffen, lässt er den Schläger fallen und läuft Richtung erstes Freimal. Insgesamt muss er drei Freimale passieren, um einen Punkt zu erzielen. Die Fangmannschaft versucht, den geschlagenen Ball durch schnelles Zuspiel zum Brennmal zu bringen. Wenn das gelingt und sich ein Läufer in diesem Augenblick zwischen zwei Freimalen befindet, ist er »verbrannt«. Allerdings darf der Läufer an jedem Mal stehen bleiben und dann beim nächsten Schlag seiner Mannschaft weiterlaufen. An jedem Mal dürfen maximal drei Läufer stehen. Das Spiel geht so lange, bis alle Schlagspieler »verbrannt« sind, dann erfolgt der Wechsel der Mannschaften. Du kannst aber auch nach Zeit spielen: Beide Teams haben dann z. B. 8 Minuten, um so viele Punkte wie möglich zu sammeln.

Die Wertung für die Schlagmannschaft sieht so aus: 1 Punkt gibt es, wenn ein Spieler bis zum letzten Mal durchkommt, aber zwischendurch gestoppt hat. 2 Punkte gibt es, wenn er den Ball über das hintere Ende des Spielfeldes hinausgeschlagen hat. 3 Punkte erhält man für einen *Home Run*, wenn der Schlagspieler mit seinem eigenen Schlag ohne Stopp bis zum dritten Freimal durchkommt. Aber auch die Fangmannschaft kann Punkte sammeln: 1 Punkt gibt es für das direkte Fangen eines geschlagenen Balles in der Luft. 2 Punkte winken, wenn der Ball bis zum Brennmal nicht den Boden berührt.

226 UND NOCH EINIGE ZU RECHT VERGESSENE SPORTARTEN

Fuchsprellen
Bei diesem Sport standen die Spieler in einer Arena, zwischen ihnen lagen Stofftücher. Nun wurden Füchse auf das Feld gelassen. Sobald ein Tier auf ein Tuch trat, zogen es die Spieler straff und warfen das Tier in die Luft.

Gehstockkampf
Zwei Kontrahenten traktieren sich mit Spazierstöcken.

Goldfischschlucken
Guten Appetit! Wer die meisten Goldfische schlucken konnte, gewann. Der angebliche Rekord lag bei 210 Goldfischen.

Luftgolf
Beim Luftgolf bildeten ein Pilot und ein Golfer zusammen ein Team. Aus einem Flugzeug wurde ein Golfball abgeworfen, den der Mitspieler am Boden einlochen musste.

Pferdeboxen
So schmerzhaft wie auf der rechten Seite illustriert ging's dabei Gottseidank nicht zur Sache. Beim »Boxen zu Pferde« bekämpften sich vielmehr zwei Gegner mit den Fäusten, derweil sie auf Pferden saßen.

Telefonzellenstopfen
Wie viele Menschen passen in eine Telefonzelle? In England, dem Mutterland dieses seltsamen Wettbewerbs, quetschten sich einmal sogar 25 Leute in so eine Zelle.

(Ach ja, falls ihr nicht wisst, was eine Telefonzelle ist: Das sind winzige Häuschen, die vor nicht allzu langer Zeit noch in millionenfacher Ausführung im ganzen Land herumstanden und in denen sich jeweils ein fest installiertes Telefon befand. Mit diesem sogenannten »Münzfernsprechapparat« konnte jeder telefonieren, nachdem er genug Geld eingeworfen hatte.)

Zentrifugalkegeln
Dieser Kneipensport verknüpfte Elemente von Kegeln und Minigolf.
Erfunden hatte ihn ein Berliner Gastwirt, in dessen Wirtschaft
leider nicht genug Platz für eine »richtige« Kegelbahn war.
Also bog er eine Bahn so zurecht, dass sie – mit mehreren
Loopings versehen – schließlich reinpasste.

227 GEH-FUSSBALL

Die Fußballvariante *Geh-Fußball* wurde in Großbritannien speziell für ältere Menschen erfunden, weil diese Spielform weniger gefährlich und anstrengend ist. Die Regeln ähneln dem Regelwerk des normalen Fußballs. Einzig das Laufen mit oder ohne Ball ist verboten. Mindestens ein Fuß muss immer den Boden berühren – sonst gibt es Freistoß für den Gegner. Der Ball darf nicht über Hüfthöhe gespielt werden. Das heißt auch: Kopfbälle sind verboten.

Gespielt wird oftmals auf einem kleinen Feld mit kleineren Toren (ideal für einen Kick im Park oder Garten). Abseits gibt es nicht. Der Ball wird nicht eingeworfen, sondern eingekickt oder eingerollt. Wenn ihr also mal ein besonders entspanntes Fußballspiel austragen wollt, versucht es doch zur Abwechslung mit der Geh-Variante.

228 TRACKSTAND: STEHVERSUCH AUF DEM FAHRRAD

Manchmal ist es von Vorteil, wenn man warten kann. Beim Bahnsprint im Radsport beispielsweise versuchten die Fahrer oder Fahrerinnen, die am Start vorne waren, früher häufig, ihre Kontrahenten erst mal nach vorne zu locken, um später hinterrücks aus deren Windschatten heraussprinten zu können. Dazu bedienten sie sich teils ewig langer Stehversuche, bei denen sie mit ihren Rädern einfach an Ort und Stelle verharrten.

Mittlerweile verhindert das Reglement einen langen *Trackstand*, wie diese Übung auch genannt wird. Es ist gar nicht so einfach, aber im Alltag und im Straßenverkehr öfter ganz praktisch, wenn man die Technik beherrscht. So kannst du es üben:

- Verteil das Gewicht auf beide Beine; die Beine sind leicht geöffnet.
- Bring die Pedale in die 2-Uhr-Position: Der vordere Kurbelarm ist etwas höher als der hintere.
- Blicke 2 bis 3 Meter voraus.
- Bringe die Hüfte nach vorne, die Schulterachse ist ungefähr über dem Lenker.
- Lass mindestens einen Finger am Bremshebel, um verzögern zu können.
- Wähle den richtigen Gang, um genug Druck aufzubauen.
- Schlage den Lenker leicht ein.
- Bewahre Ruhe.
- Stehen…
- Stehen…
- Stehen…
- Stehen…

229 FUSSBALLTRICK: DIE ZIDANE-DREHUNG

Wer kennt sie nicht, die Tricks der Profikicker? Der bekannteste Trick ist gewiss der Übersteiger. Dabei führt der Spieler seine Beine in kreisenden Bewegungen möglichst schnell über den Ball. Beliebter ist der 360°-Trick, der vielen Fußballern auch als *Zidane-Drehung* bekannt ist, gehörte diese Finte doch zum Repertoire des gleichnamigen französischen Edeltechnikers, der 1998 Fußballweltmeister wurde. Bei diesem Trick tritt der Spieler mit einem Fuß auf den Ball und vollführt dabei eine Drehung einmal komplett um die eigene Achse. Dadurch ändert sich die Laufrichtung so rasant, dass er sich damit auch auf engem Raum an Gegenspielern vorbeispielen kann.

❖ ❖ ❖

230 HÄSSLICHTANZEN

Ob auf der Klassenfete oder in der Tanzschule: Tanzen ist bekanntlich nicht jedermanns Sache. Vielleicht ist in diesem Fall ja das *Hässlichtanzen* eine Inspiration. In Hamburg hat es ein paar Jahre lang tatsächlich einen »*Ugly Dance World Cup*« gegeben, bei dem die besten Hässlichtänzer gesucht, gefunden und gekürt wurden. Ein schräges Outfit (Bademantel! Schlüpfer! Knieschoner über langen Turnhosen!) war ebenso gefragt wie massenhaft unrhythmische Bewegungen zur selbstgewählten Musikeinlage. Gewonnen hatten die Tänzer mit den lautesten Buh-Rufen. Also: Traut euch und veranstaltet selber mal einen »Ugly Dance Contest« – vielleicht ja als Video-Wettbewerb.

231 TISCHTENNIS-SOLO

 Du hast einen Tischtennisschläger und -bälle, aber keinen Gegner, weil die gerade alle für die nächste Mathe-Arbeit lernen müssen? Das macht nichts. Du kannst auch ohne Mitstreiter an deinen Tischtennisfertigkeiten feilen.

Variante 1: Einfaches Ballhochhalten. Du spielst den Ball mit dem Schläger und zählst jede Schlägerberührung. Der Ball darf dabei nicht auf dem Boden aufkommen. Das kannst du natürlich auch mit mehreren Spielern machen: Entweder spielen alle gleichzeitig den Ball und es gewinnt derjenige, der es schafft, den Tischtennisball am längsten ohne Bodenkontakt in der Luft zu halten. Oder jeder zählt seine Ballkontakte, und derjenige mit den meisten Kontakten gewinnt.

Variante 2: Ballhochhalten mit Umdrehung. Du spielst den Ball in die Luft, musst aber jedes Mal, nachdem der Ball den Schläger verlassen hat, die Schlägerseite wechseln. Wenn ihr mehrere Personen seid, könnt ihr auch bei dieser Variante mitzählen.

232 WIE GEHT EIGENTLICH… WEITSPRUNG

Beim Weitsprung geht es im Wesentlichen um drei Dinge: Anlauf, Absprung, Landung. Beim Anlauf solltest du immer schneller werden, um kurz vor dem Absprung den Turbo zünden zu können. Bei der Anlauflänge ist es ratsam, zunächst klein anzufangen, also z. B. mit sechs Doppelschritten. Zum Üben der Sprungphase kannst du sogenannte Steigsprünge machen. Dafür machst du nur einen kurzen Anlauf mit 3 bis 4 Schritten, um dann hoch und weit zu springen. Beim Aufkommen solltest du am besten mit dem Sprungbein landen.

233 DAS SPIEL DER GESCHLECHTER

Billie Jean King gilt als eine der größten Tennis-Spielerinnen der Welt. Sie hat in ihrer Laufbahn nicht nur unglaubliche 39 Grand-Slam-Titel gewonnen, sondern auch ein ganz besonderes Spiel, das als »*Battle of the Sexes*« (»Kampf der Geschlechter«) in die Sportgeschichte eingegangen ist. 1973 nahm sie die Herausforderung des damals 55-jährigen *Bobby Riggs* an, seines Zeichens ehemaliger Weltranglisten-Erster und selbsternannter »Frauenhasser«, der nur allzu gerne allerlei Blödsinn über Frauen hinausposaunte. Riggs gab an, dass er jede Frau im Tennis besiegen würde. Die 29-jährige Billie Jean King ging auf die Provokation ein. 30.000 Zuschauer kamen am 20. September 1973 ins Astrodome-Stadion, Millionen verfolgten die Begegnung am Fernsehbildschirm. In drei Sätzen besiegte King ihren Gegner. 44 Jahre später wurde dieses denkwürdige Spiel mit Emma Stone und Steve Carell in den Hauptrollen verfilmt. Billie Jean King engagierte sich auch dafür, dass Frauen bei Tennis-Turnieren dieselben Preisgelder wie ihre männlichen Kollegen bekommen sollten. Der bekannte Popsänger Elton John hat ihr deshalb 1975 ein Lied gewidmet: »*Philadelphia Freedom*«.

234 KURIOSE FUSSBALLERVERLETZUNGEN

Stefan Kuntz (1. FC Kaiserslautern): Knickte beim Aussteigen aus dem Mannschaftsbus um – dreifacher Bänderriss.

David Seaman (FC Arsenal): Verletzte sich beim Angeln. Als er einen Riesenfisch aus dem Wasser ziehen wollte, renkte er sich die Schulter aus.

Darren Barnard (FC Barnsley): Rutschte in der Küche in einer Urinpfütze seines Hundes aus. Das Ergebnis: Knieverletzung mit fünf Monaten Pause.

Svein Grøndalen (Rosenborg Trondheim): Stieß beim Joggen mit einem Elch zusammen. Wegen der Oberschenkelverletzung verpasste er ein Länderspiel.

Éver Banega (FC Valencia): Beim Tanken seines Autos kam der Wagen ins Rollen. Banega wollte ihn mit dem Fuß stoppen. Die Folge: Fußbruch, sechs Monate Pause.

Santiago Cañizares (FC Valencia): Riss sich eine Sehne im Fuß, als er versuchte, mit diesem eine herunterfallende Parfümflasche abzufangen.

Morike Sako (Arminia Bielefeld): Verlor im Badezimmer das Gleichgewicht, hielt sich am Waschbecken fest, das daraufhin zu Bruch ging. Das unerfreuliche Resultat: Schnittwunden an den Händen und am Rücken.

235 SCHNEE-SLALOM

 Es hat kräftig geschneit und dein Schlitten freut sich über eine neue Herausforderung? Dann versuche dich im *Schnee-Slalom*. Mit Ästen, Stöcken oder anderen Gegenständen markierst du im flachen Gelände eine Slalomstrecke. Ein Team besteht aus zwei Spielern. Einer zieht den Schlitten, der andere setzt, kniet oder stellt sich drauf. Nun muss das Schlittengespann so schnell wie möglich die Strecke absolvieren. Am besten stoppst du dabei die Zeit. Wer ein Hindernis berührt, bekommt dafür eine Strafsekunde – die gibt es auch, wenn der Schlitten-Passagier hinunterpurzelt.

Eine mögliche Variante: Ein Spieler sitzt auf dem Schlitten und stößt sich mit einem oder zwei Stöcken ab. Der Schnellste gewinnt.

236 EINE SCHNEEREICHE LEBENSWEISHEIT

 »Lieber ein Brett unter den Füßen
als eines vor dem Kopf.« «

—

Fabien Rohrer, Snowboardprofi

237 SCHAUFELBALL

Für dieses Spiel benötigst du zwei schaufelartige Gegenstände, mit denen sich ein Ball auffangen lässt. Solche *Scoop-Sets* kannst du im Sportfachhandel erhalten, du kannst aber alternativ alle möglichen Gegenstände dafür verwenden, die Bälle sicher aufnehmen können. Schaufelball lässt sich als Einzel oder Doppel spielen – das Spielfeld sollte nicht allzu groß sein (z. B. 5 x 3 Meter).

Die Regeln
Der zugespielte Ball muss aufgefangen werden. Gelingt das nicht, erhält der Gegner einen Punkt. Es fängt dabei stets derjenige an, der einen Fehler gemacht hat.

Variante 1: Zielspiel
Zwischen den Spielern steht ein Gegenstand, der getroffen werden muss. Für jeden Treffer gibt es einen Punkt.

Variante 2: Teamspiel
Mit mehreren Mitspielern kannst auf einer größeren Fläche auch zwei Teams bilden. Die Spieler einer Mannschaft spielen sich den Ball so lange zu, bis der Gegner ihn abgefangen hat. Es gewinnt die Mannschaft, die am meisten Pässe am Stück geschafft hat.

238 DIE SACHE MIT DER THEORIE UND DER PRAXIS

Muss ein guter Fußballtrainer auch selber gut Fußball spielen können? Über diese Frage kann man herrlich lange diskutieren. Fest steht in jedem Fall: Es braucht nicht unbedingt Praxiserfahrung, um eindrucksvolle Erfolgsgeschichten schreiben zu können. *Karl Adam* zum Beispiel hat das Rudern revolutioniert: Obwohl er selbst nie aktiv gerudert ist, hat er in den 1950er und 1960er Jahren mit seinen Ideen den Rudersport stark verändert. Unter anderem entwickelte er neue Trainingsmethoden, die er aus der Leichtathletik übernahm. Er änderte auch das Rudergerät, indem er neue Riemen und Ruderblätter konstruierte. Damit erzielte er viele Erfolge: 29 Medaillen holten die von ihm betreuten Ruderer wie z. B. der legendäre »Deutschland-Achter« bei Olympischen Spielen, Welt- und Europameisterschaften. Der sogenannte »Ruderprofessor« wurde auch von Trainern in anderen Sportarten gerne nach Tipps und Kniffs gefragt.

239 SCHATTENBOXEN

  Der Name deutet es unmissverständlich an: Beim *Schattenboxen* duellierst du nicht mit einem Gegner, sondern mit einem Schatten. Viele Spitzensportler, und zwar keineswegs nur Boxer, nutzen die Abfolge von verschiedenen Bewegungen zum Aufwärmen.

Das Schattenboxen hat eine lange, spannende Geschichte. *Taijquan* heißt das traditionelle chinesische Schattenboxen, das einst als Kampfkunst entwickelt wurde. Heute sind es Millionen Menschen auf der ganzen Welt, die es als entspannende Bewegungsform nutzen: als eine feste Choreografie von Bewegungen, die langsam und kontrolliert ausgeführt werden. Es gibt aber auch Kampfsportformen, bei denen Schwerter und Stöcke eingesetzt werden: Martial-Arts lassen grüßen. Meist wird Schattenboxen jedoch als kontaktloser Einzelsport praktiziert, der sich vom ursprünglichen Kampfsportcharakter losgelöst hat.

Es gibt mehrere Schulen in Deutschland, in denen du Taijquan in verschiedenen Ausprägungen lernen kannst. Du kannst aber auch ganz einfach deine eigene Schattenbox-Choreografie entwickeln.

In der kämpferischen Variante mit Rechts-Links-Kombinationen trittst du gegen einen imaginären Gegner an. Wenn du Rechtshänder bist, sollte dein linkes Bein vorne stehen, wenn du Linkshänder bist, das rechte Bein. Nun ballst du deine Fäuste und hebst sie vors Kinn, als wärst du Muhammad Ali oder Wladimir Klitschko. Versuche, mit unterschiedlichen Kombinationen deinen fiktiven Gegner zu treffen, reagiere aber auch auf dein Gegenüber und tue so, als wenn er dich treffen will. Bleibe immer in Bewegung und achte auf die Beinarbeit: Mache Schritte zur Seite, nach vorne, nach hinten.

Du kannst darüber hinaus auch in entspannter Art und Weise Schattenboxen: mit ruhigeren Bewegungen mit Armen und Beinen, z. B. indem du Kreise mit beiden Händen in die Luft zeichnest. Falls es so etwas geben sollte, kannst du deine Lieblings-Gymnastikübungen aus dem Sportunterricht einbauen.

240 GROSSE BOXKUNST

»Schwebe wie ein Schmetterling,
stich wie eine Biene.«
—
Muhammad Ali
(Mit diesen Worten beschrieb der große Box-Champion seinen
eleganten und leichtfüßigen Kampfstil, mit dem er George Foreman
im wohl berühmtesten Boxkampf aller Zeiten besiegte.)

FÜNF FUSSBALLFILME ...

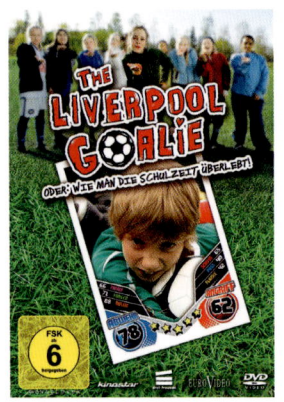

241 The Liverpool Goalie
oder: Wie man die Schulzeit überlebt

Jo ist 13 Jahre alt und geht gefährlichen Sachen wie Fußball und hübschen Mädchen lieber aus dem Weg. Angst ist sein ständiger Begleiter. Zugleich ist er ziemlich schlau und findet die neue Mitschülerin Mari total nett. Die spielt Fußball und kann Mathe. Kurz: Das Leben gerät etwas aus den Fugen. Erst recht, als Jo die Fußballsammelkarte vom Torwart des FC Liverpool erhält. Kurzweilige Komödie! (ab 6 Jahren)

242 Einfach Charlie

Das 14-jährige Fußballtalent Charlie hat gerade das Angebot bekommen, in einem englischen Erstligaclub in der Jugendmannschaft zu spielen. Charlies Papa freut sich riesig – im Gegensatz zu Charlie selbst. Denn Charlie ist ein Mädchen, das im Körper eines Jungen steckt. Als sie sich schließlich Eltern und Freunden anvertraut, reagieren nicht alle verständnisvoll. Charlie kämpft dafür, voll und ganz zu dem Menschen zu werden, der sie ist. Dann kommt der Tag, an dem Charlie in ein Mädchenfußballteam aufgenommen wird. (ab 12 Jahren)

243 Trautmann

Im Alter von 17 Jahren wird Bert Trautmann in die Wehrmacht eingezogen und kämpft als Soldat im Zweiten Weltkrieg. Kurz vor Kriegsende gerät er in der Nähe von Manchester in Kriegsgefangenschaft. Während der Gefangenschaft spielen die Soldaten Fußball. Einem englischen Trainer, der dabei zusieht, fällt Trautmanns Talent als Torwart auf. Eine ungewöhnliche Karriere beginnt, die bis in die höchste englische Spielklasse führt. Der Spielfilm orientiert sich an der wahren Geschichte von Bert Trautmann. (ab 12 Jahren)

... DIE SICH LOHNEN

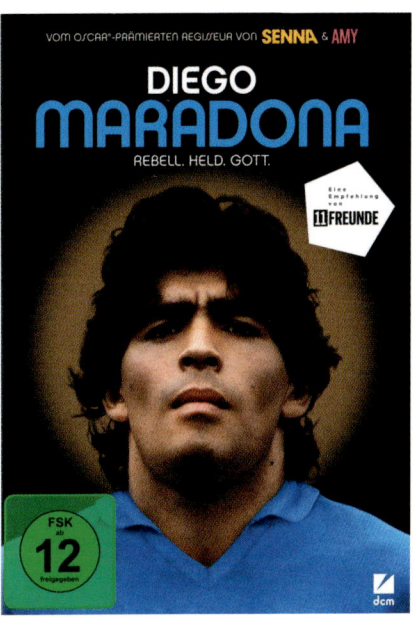

244 *Early Man – Steinzeit bereit*

Vielleicht kennst du »*Wallace & Gromit*« oder »*Shaun das Schaf*«. Nick Park, der Trickfilmmacher, dem die Welt diese wunderbaren Knetfiguren verdankt, hat auch einen Fußballfilm produziert. In diesem Streifen mit viel anarchischem Klamauk und noch mehr Knete geht einiges durcheinander. So spielen nämlich Steinzeitmenschen gegen Bronzezeitmenschen Fußball. Dabei geht es um alles. Werden die eitlen Superstars von Real Bronzio etwa das Spiel für sich entscheiden? Und wer sagt eigentlich, dass Schweine kein Fußball spielen können? (ab 0 Jahren)

245 *Diego Maradona*

Diego Maradona gilt als einer der besten Fußballer aller Zeiten. Der preisgekrönte Dokumentarfilm »*Diego Maradona*« zeigt, warum Diego von vielen Fans auf der ganzen Welt so innig geliebt wurde. Der Film konzentriert sich dabei vor allem auf jene Jahre, die der argentinische Wunderknabe im Trikot des SSC Neapel verbracht hat. Der Film bringt einerseits den Ausnahmefußballer nahe, anderseits zeigt er auch eindrucksvoll die Schattenseiten seines Lebens. Regisseur Asif Kapadia hatte bereits Filme über den Formel-1-Fahrer Ayrton Senna und die Musikerin Amy Winehouse gedreht. (ab 12 Jahren)

246 **RUNDEN DREHEN**

 Auch über die Einerverfolgung hinaus (siehe Seite 22) könnt ihr die diversen Disziplinen im Bahnradsport nutzen, um euch zu eigenen Wettrennen inspirieren zu lassen, die ihr auf einem vorher festgelegten Rundkurs austragt – egal ob mit dem Rad, zu Fuß oder auf andere Weise. Einige Beispiele: Bei *Temporunden* wird vorher die Distanz bekanntgegeben (z. B. 12 Runden). Ab der zweiten Runde gibt es dann jede Runde Punkte für die Ersten, die den Zielstrich überqueren (z. B. 5 + 3 + 1 für die besten drei). Bei der letzten Wertung winken doppelte Punkte. Der Teilnehmer, der am Ende die meisten Punkte hat, gewinnt. *Ausscheidungsfahren* heißt die Disziplin, bei der nach jeder Runde der Letztplatzierte ausscheidet, bis nur noch einer (nämlich der Sieger) übrig ist. Das könnt ihr auch andersherum spielen: Wer den ersten Sprint gewinnt, hat auch bereits das ganze Rennen gewonnen (und darf sich ansehen, wie die anderen nach diesem Muster um die weiteren Plätze kämpfen).

247 **PAPIERFLIEGER FLIEGEN**

 Damit deine Papierflieger auch schön weit dahinsegeln, musst du zwei Dinge beachten: den Schwerpunkt und die Geschwindigkeit. Wenn du den Schwerpunkt deines Fliegers kennst, kennst du auch die Position, aus der du am besten wirfst. Dafür musst du den Flieger ausbalancieren: Strecke deinen Zeigefinger und setze den Papierflieger mit dem Rumpf darauf. Bewege den Flieger nun so lange, bis er auf deinem Finger liegen bleibt, ohne dass du ihn festzuhalten brauchst. Jetzt kennst du den Schwerpunkt deines Flugzeugs. Bei der Wurfgeschwindigkeit musst du die Art deines Fliegers beachten. Gleiter-Papierflieger brauchen weniger Kraft und einen kleineren Abwurfwinkel. Bei Wurf-Papierfliegern kannst hingegen kräftiger werfen und einen höheren Abwurfwinkel wählen.

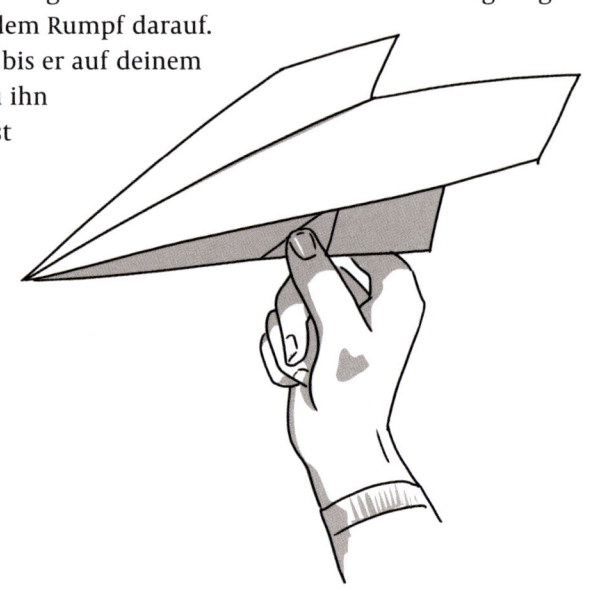

248 **BÜGELN**

Nein, nicht, was du jetzt denkst. Beim Bügeln geht es nicht darum, sein weißes Hemd auf einem Brett mit einem heißen Haushaltsgerät in Form zu bringen. Vielmehr ist die Rede von einer außerordentlich seltenen Sportart, die an Krocket erinnert. In Deutschland gibt es nur eine Handvoll Vereine, die diesen Sport praktizieren, während er in den Niederlanden deutlich populärer ist.

Das Bügeln kann man sich auch wie eine Mischung aus Kegeln und Boule vorstellen, bei der man mit Holzschlägern hantiert, die wie eine Schüppe aussehen. Mit diesen Schlägern gilt es, eine bis zu 5 kg schwere Kugel durch den namensgebenden »Bügel« zu spielen: ein kleines, rundes Tor aus Metall, das in ein paar Metern Entfernung im Boden steckt. Spieler und Teams spielen gegeneinander und dürfen sich sogar stören. Es gewinnt die Mannschaft, die zuerst eine vorab festgelegte Punktzahl erreicht. Das Spiel stammt ursprünglich aus dem 14. Jahrhundert.

249 AUF ZUM KÄSERENNEN NACH ENGLAND

 In jedem Frühjahr findet in Cooper's Hill bei Brockworth in der englischen Grafschaft Gloucestershire ein ungewöhnliches mehrtägiges Event statt, das zumindest einen gewissen Sportbezug aufweist: Beim »*The Cooper's Hill Cheese-Rolling and Wake*« dreht sich das allermeiste um einen Käselaib, der einen Hügel hinabrollt und dabei von den Teilnehmern verfolgt wird. Mehrere Tausend Menschen haben schon bei dem Käserennen mitgewirkt. Der Gloucester-Käse erreicht beim Runterrollen Spitzengeschwindigkeiten von 110 Stundenkilometern, so dass er meist deutlich eher im Ziel landet als die schnellsten Männer und Frauen. Die flinksten von ihnen werden dennoch als Sieger des Rennens ausgezeichnet. Zur Belohnung gibt es natürlich Käse. Traditionell eröffnet werden die Rennen mit dem schönen Ruf »*One to be ready, two to be steady, three to prepare, and four to be off.*«

250 KLOPAPIERSPIELE

Nicht nur für Quarantäne-Zeiten geeignet sind Übungen mit Klopapierrollen. In den ersten Monaten, in denen das Corona-Virus grassierte, mussten viele Leistungssportler auf der ganzen Welt zu Hause bleiben, weil das gewohnte Training verboten war. Einige Profifußballer nutzten die Zeit, um an ihren technischen Fertigkeiten zu feilen – und zwar mit Klopapierrollen. Sie drehten Videos davon, wie sie die Rolle mit dem Fuß hochhielten. Daraus entwickelte sich ein regelrechter Wettbewerb, wem nun das spektakulärste Kunststück mit Toilettenpapierrollen glückte. Am beliebtesten war aber eindeutig die Übung, die Rolle so oft oder so lange wie möglich mit dem Fuß in der Luft zu halten. Das kannst du daheim ebenfalls ausprobieren.

251 SPIELE MIT LUFTBALLON

 Du bist alleine zu Hause und schimpfst über das schlechte Wetter, das Ausflüge verhindert? Dann verschaffe dir mit ein paar Luftballon-Übungen etwas Luft. Mit Bällen in der Wohnung ist das ja so eine Sache… Umso besser, dass du viele klassische Moves mit dem Ball auch ganz gut mit einem Luftballon hinbekommen kannst.

Zum Beispiel beim Werfen und Fangen. Einfach den Luftballon mit den Händen hin- und herwerfen und dabei verschiedene Varianten ausprobieren: Mal im Bogen werfen, mal über den Kopf. Mal so hoch werfen wie möglich. Oder in der Grätschhaltung den Ballon zwischen den Beinen hochwerfen und auffangen. Du kannst auch das Hochwerfen mit anderen Bewegungen kombinieren: Ballon hochwerfen, (mindestens) einmal um die eigene Achse drehen und den Ballon auffangen. Du kannst auch im Sitzen starten, den Ball hochwerfen, dann aufspringen und den Luftballon fangen.

Wenn ihr zu mehreren seid, könnt ihr auch einfach ein Luftballonspiel auf ein oder zwei Tore machen. Als Tor bieten sich z. B. ein Türrahmen oder ein Paar Schuhe an. Nun könnt ihr Luftballonfußball oder -handball spielen (oder eine Mischung aus beidem). Der Luftballon sollte dabei aber nicht mit den Händen festgehalten werden dürfen, sondern immer nur mit einer kurzen Handbewegung in die Luft bugsiert werden. Eine Variante ist Luftballon-Sitzfußball. Dafür braucht ihr dann am besten ein paar Rutschunterlagen, auf denen ihr sitzt und rutschend vorankommt. Perfekt sind Teppichreste.

252 *Und wer hat's erfunden?*

 Erfunden hat den Luftballon übrigens der Naturforscher *Michael Faraday* im Jahr 1824. Der britische Wissenschaftler experimentierte damals mit zwei mit Mehl bestäubten Rohgummi-Kreisen, die er aufeinanderlegte und an den Rändern zusammendrückte. So ähnlich, wie wenn du Ravioli selber machst. Dann hat er Wasserstoff in den Hohlraum geleitet (das hast du beim Nudelmachen hoffentlich noch nicht probiert). Durch das Gas dehnte sich das zusammengeklebte Gummi aus und schwebte zur Decke (solltest du schon mal schwebende Nudeln hergestellt haben, solltest du eine Karriere als Zauberer in Erwägung ziehen). Ein Jahr später gab es bereits ein erstes Luftballon-Bastelset zu kaufen.

Schon viele Jahre früher spielten Kinder mit den gewaschenen und aufgepusteten Harnblasen von geschlachteten Tieren. Das kannst du auf dem berühmten Wimmelbild »*Die Kinderspiele*« aus dem Jahr 1560 sehen, das von dem Maler Pieter Bruegel der Ältere stammt. Auf dem Gemälde sind sehr viele Kinderspiele zu sehen, die damals in den Niederlanden alltäglich waren: von Seifenblasen über »Blinde Kuh« bis hin zu Reifenspielen und Boule. Einige Kunstexperten haben 84 Spiele gezählt, andere 91. Wenn du mal zu Besuch in Wien bist, kannst du dir dieses Bild im Kunsthistorischen Museum ansehen und selbst nachzählen.

253 TIPPS UND TRICKS BEIM STAND-UP-PADDLING

Auf ruhigem Gewässer auf einer Art Surfbrett stehen und sich mit Paddelschlägen fortbewegen: So oder so ähnlich funktioniert *Stand-Up-Paddling*. Für dieses Stehpaddeln brauchst du ein spezielles Board, das mit einer Halteleine ausgerüstet ist (die »SUP Leash« verhindert, dass dein Brett von dir wegtreibt!), ein Paddel, jahreszeitangepasste Kleidung und eventuell noch eine Rettungsweste.

Wenn du startklar bist, kniest du dich auf das Board und paddelst los. Die meisten SUP-Boards haben in der Mitte einen Tragegriff, an dem du dich für eine gute Standposition orientieren kannst. Achte auf den gleichen Abstand zu den Board-Kanten. Paddle ruhig erst einmal einige Minuten kniend, um dich mit dem Board vertraut zu machen. Im nächsten Schritt richtest du dich vorsichtig auf – je ruhiger das Wasser ist, umso einfacher geht das. Vielleicht hilft es dir, wenn du das Paddel quer über dem Board liegen lässt.

Beachte beim Hinstellen, dass das Board ausbalanciert ist und nicht nach links oder rechts kippt. Deine Füße sollten komplett auf dem Board stehen, von der Fußspitze bis zu den Fersen.

Wenn du sicher stehst, achte auf einen geraden Rücken und gehe leicht in die Knie, um Wasserbewegungen auszugleichen – beim Stand-Up-Paddling dreht sich alles um die Balance. Das Paddel hältst du oben am Griff und unten am Schaft: Wenn du rechts paddelst, ist die rechte Hand unten am Schaft und die linke Hand am Griff, wenn du links paddelst, ist es umgekehrt. Um gut voranzukommen, tauchst du das Paddel möglichst weit vorne ein und ziehst es bis maximal auf die Höhe deiner Füße. Das Paddelblatt sollte dabei komplett im Wasser eintauchen und boardnah nach hinten gezogen werden. Wenn du stoppen oder wenden möchtest, tauchst du das Paddel ins Wasser und ziehst es nach vorne oder hinten. Dann bremst dein Board und wird zur Paddelseite gelenkt.

Generell wichtig ist deine Blickrichtung. Viele Anfänger schauen erst einmal nur auf das Board oder die Board-Spitze. Dein Blick sollte aber immer in Fahrtrichtung gehen, damit du das Wasser und eventuelle Hindernisse erkennen und dich gut ausbalancieren kannst.

254 14 1/2 STUNDEN IM WASSER

 Für manche, die nicht so gerne schwimmen, kann ja schon ein 50-Meter-Becken ziemlich lang werden. Und selbst wenn du dich gerne (und gekonnt) kraulend durchs Nass bewegst, sind 1.000 Meter eine beachtliche Distanz. Nun stell dir vor, du müsstest 56 Kilometer schwimmen. Und zwar durchs Meer, so dass du noch nicht einmal zwischendurch am Beckenrand etwas verschnaufen kannst. Das klingt verdammt anstrengend, oder?

Gertrude (»Trudy«) Ederle hat am 6. August 1926 diese sportliche Höchstleistung vollbracht. Die US-Amerikanerin schwamm als erste Frau der Welt durch den Ärmelkanal: 14 Stunden und 31 Minuten benötigte sie für die Strecke vom französischen Cap Gris-Nez hinüber nach Dover an der südenglischen Küste und war damit zwei Stunden früher am Ziel als der bis dato schnellste Mann. Per Luftlinie ist die Strecke etwa 33 Kilometer lang, durch die bisweilen heftigen Strömungen ist die tatsächlich zu schwimmende Distanz aber deutlich höher und beträgt etwa 56 Kilometer. Dabei nutzte die Schwimmerin, die bei den Olympischen Spielen in Paris 1924 Medaillen gewonnen hatte, auch einen besonderen Körperschutz: Sie hatte sich mit reichlich Olivenöl, Wollfett und Schweineschmalz eingerieben, um sich vor der Wasserkälte zu schützen.

Viele Männer hatten damals einer Frau eine solche Leistung nicht zugetraut. Da verwundert es wenig, dass sie und ihre Heldinnentat in der Öffentlichkeit große Aufmerksamkeit erregten. Als Trudy Ederle drei Wochen nach ihrem Rekord in ihre Heimat zurückkehrte, jubelten ihr zwei Millionen Menschen bei einer Konfettiparade in New York zu. Ihre Ärmelkanal-Durchquerung hatten viele Menschen in Europa und den USA durch eine umfassende Medienberichterstattung verfolgen können – es gab damals sogar so etwas wie einen Liveticker von ihrem Rekord. Schiffe, die Trudy Ederle im Ärmelkanal begleiteten, informierten regelmäßig per Funk über den Stand der Dinge. Mit ihrem sensationellen Rekord hat die Schwimmerin auch etwas für die Gleichberechtigung getan. Sie hat eindrucksvoll gezeigt, zu welchen Leistungen Frauen in der Lage sind. Und das in einer Zeit, in der leider viele Menschen alles andere als ein modernes Frauenbild hatten.

255 NETBALL & CO.

Eine nette Alternative zum Basketball ist *Netball*. Bei dieser Variante versuchen zwei Mannschaften, den Spielball in den Korb zu werfen – dieser Korb hat allerdings kein Brett, wie du es vom Basketball kennst, sondern eben nur ein Fangnetz. Auch die Regeln unterscheiden sich vom Basketball. So darfst du zum Beispiel nicht dribbeln, sondern mit dem Ball in der Hand immer nur einen Schritt machen. Auf den Korb geworfen werden darf ausschließlich innerhalb eines Wurfkreises. Darüber hinaus müssen die verteidigenden Spieler immer Abstand (ca. 90 cm) zum Gegner halten. Wenn du das beherzigst, sollte ein sehr dynamisches und faires Teamspiel herauskommen.

Nach und nach könnt ihr dann ja verschiedene Regeln austesten und schauen, mit welcher euch das Spiel am meisten Spaß macht. Zum Beispiel: Es sind maximal drei Schritte mit dem Ball in der Hand erlaubt. Oder: Der Ball darf nicht länger als drei Sekunden gehalten werden. Ihr könnt auch einen Bereich um den Korb als »Korbraum« festlegen, der in diesem Fall von keinem Spieler betreten werden darf.

Wenn du keinen Korb hast, kannst du für Netball und viele andere Basketball-Varianten auch alte runde Waschmittelkartons oder Eimer verwenden, die du auf den Boden oder auf eine Mauer stellst oder in Bäume hängst. Aber Achtung: Der Ball, den du zum Spielen verwendest, sollte natürlich auch problemlos in das Behältnis reinpassen, das du dir ausgesucht hast.

256 WIE GEHT EIGENTLICH... KEGELN

Ein Klassiker zum Kindergeburtstag ist die Einladung zur Kegelbahn. Vielleicht hast du dich bei dieser Gelegenheit auch schon mal gefragt, welche Taktik am vielversprechendsten ist, um möglichst viele Kegel zu treffen. Grundsätzlich empfiehlt es sich, nicht direkt einen der neun Kegel anzuvisieren, sondern die Kugel in eine der »Gassen« zwischen den einzelnen Kegelreihen zu steuern. Insgesamt hast du vier Gassen zur Auswahl. Versuche, die Kugel dahin zu bewegen. Wichtig dafür ist der Punkt auf der Bahn, auf dem die Kugel unmittelbar nach dem Wurf aufsetzt. Danach verläuft die Kugel nämlich meist gerade in Richtung der Kegel. Sollte das nicht der Fall sein, beherrschst du den gar nicht so einfachen Effet-Wurf. Damit hättest du dir auf einer Geburtstagsfeier auf jeden Fall eine Extra-Limo verdient.

257 KEINE FRAGE DER ZEIT

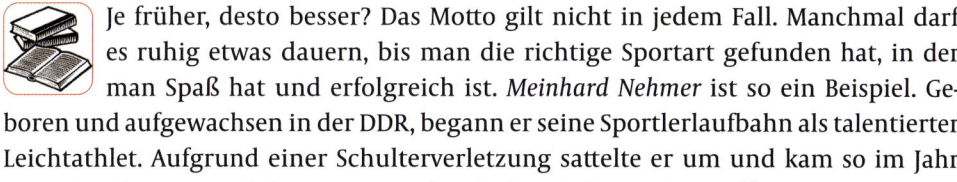

Je früher, desto besser? Das Motto gilt nicht in jedem Fall. Manchmal darf es ruhig etwas dauern, bis man die richtige Sportart gefunden hat, in der man Spaß hat und erfolgreich ist. *Meinhard Nehmer* ist so ein Beispiel. Geboren und aufgewachsen in der DDR, begann er seine Sportlerlaufbahn als talentierter Leichtathlet. Aufgrund einer Schulterverletzung sattelte er um und kam so im Jahr 1973 – im Alter von 32 Jahren – erstmals mit dem Bobsport in Berührung.

Trotz des späten Einstiegs wurde er zum besten Bobpiloten seiner Zeit, gewann dreimal Olympia-Gold und holte vier Weltmeister-Titel. Später wurde er Trainer für Athleten aus den USA, Italien und Deutschland und war so an insgesamt 62 Medaillen beteiligt.

258 GEFÄHRLICHES TENNIS

1464 gab es in der belgischen Stadt Brügge das erste Tennisturnier der Geschichte – doch vielen Zeitgenossen war dieser als »bürgerlich« verrufene Zeitvertreib ein Dorn im Auge. Manch königlicher Freund des Tennissports bezahlte damals seine Leidenschaft sogar mit dem eigenen Leben. Ludwig X. von Frankreich erkältete sich nach einer Tennisrunde und starb an einer Lungenentzündung. Auch Philipp der Schöne, König von Kastilien, und Karl VIII. sollen durch ihre Tennis-Begeisterung ihr Leben verloren haben. Letzterer rammte sich auf dem Weg zum Tennisplatz an einem Türpfosten den Schädel ein.

259 HULA-HOOP

 Eine prima Alternative zum Besuch im Fitnessstudio ist das *Hula-Hoop-Training*. Du brauchst dafür nur einen passenden Reifen und etwas Platz in der Wohnung oder im Garten, damit du mit dem schwingenden Ring nicht aus Versehen das TV-Gerät vom Tisch fegst oder die teure Blumenvase, die Oma dem Papa zum 50. Geburtstag geschenkt hat, in Einzelteile zerlegst.

Hula-Hoop ist gut für deine Muskulatur an Bauch, Rücken und Taille. Wichtig ist, dass du beim Kreiseln fest stehst. Ein Fuß kann dabei auch etwas weiter vorne sein.

Übrigens: Wer ausgiebig Hula-Hoop-Training macht, kann ordentlich Kalorien verbrennen, wie das »American Council in Exercise« bei einer wissenschaftlichen Studie herausgefunden hat. Die Rede ist von sieben Kalorien pro Minute. Das kannst du ruhig auch deinen Eltern sagen, wenn sie abnehmen wollen (oder dem wohlbeleibten Patenonkel, der immer so gerne Sahnetorte futtert).

Zunächst brauchst du einen Reifen. Der sollte nicht zu schwer und auch nicht zu leicht sein. Ein Gewicht von 1 kg ist empfehlenswert. Nun legst du den Reifen mit den Händen am unteren Rücken an und versuchst, ihn oben zu halten, indem du die Hüfte gleichmäßig schwingst. Ein häufiger Anfängerfehler besteht darin, die Hüfte zu stark zu bewegen. Es reichen leichte Moves! Die Arme solltest du dabei angewinkelt lassen, damit sie nicht unliebsame Bekanntschaft mit dem Reifen machen. Lass dich nicht entmutigen, wenn es nicht auf Anhieb klappt. Achte darauf, erst kleine Kreise zu machen. Später kannst du es auch mit größeren Kreisen probieren. Wenn du Erfolgserlebnisse hast, kannst du gerne auf die Uhr schauen, wie lange du den Reifen kreiseln lassen kannst. Du kannst hier den Spaß durch einen Wettbewerb vergrößern.

Und wenn es trotz aller Anstrengungen nicht so richtig funktionieren mag, kannst du mit dem Hula-Hoop-Reifen auch ganz andere Dinge anstellen. Du kannst die Reifen kreativ dekorieren (für Familienfeste und Geburtstagsfeiern), aber natürlich auch als Ziel für Ballsportarten verwenden, zum Beispiel um ein Tor zu markieren.

260 FRISBEE-VARIANTEN

 Eine Frisbee-Scheibe kannst du abwechslungsreich einsetzen. Beim Frisbee-Weitwurf gilt es, die Scheibe so weit wie möglich zu werfen. Beim *Schwebewurf* sollte der Frisbee so lange wie möglich schweben und dann mit einer Hand gefangen werden. Dabei wird die Zeit in der Luft gemessen. Der Versuch ist aber nur gültig, wenn der Frisbee am Ende wieder gefangen wird. Auf die Weite kommt es hingegen beim *Frisbee-Lauf* an: Du wirfst, läufst dem Frisbee hinterher und fängst die Scheibe auch wieder. Wer dabei am meisten Meter zurücklegt, gewinnt. Wenn du lieber nicht so viel laufen möchtest, kannst du es ja mit dem *Frisbee-Zielwurf* probieren: Dabei musst du vorher festgelegte Ziele treffen.

261 SEGELNDE GALOSCHEN: GUMMISTIEFELWEITWURF

Der Gummistiefel ist gewiss nicht das modischste Kleidungsstück, aber von Erziehungsberechtigten gern gesehen, wenn es um Klassenausflüge oder Urlaube an der See geht. Zum Glück kannst du Galoschen, wie diese Treter in Norddeutschland auch genannt werden, nicht nur zum Wattwandern anziehen, sondern auch für einen sportlichen Wettkampf verwenden. In Finnland ist Gummistiefelweitwurf als Sportart entstanden – mit eigenem Regelwerk. Wenig überraschend besteht das Ziel darin, einen Gummistiefel möglichst weit zu werfen.

Das ist übrigens gar nicht so einfach. Denn während die klassischen Wurfgeräte Ball, Hammer oder Diskus gute Flugeigenschaften aufweisen, ist ein Gummistiefel nicht wirklich aerodynamisch. Wichtig ist der richtige Einstellwinkel zum Wind. Die Weltbesten schaffen übrigens Weiten von fast 70 Metern (Männer) und 50 Metern (Frauen).

262 *So fliegen sie ordnungsgemäß*

Die offiziellen Gummistiefelweitwurf-Regeln der IBTA (International Boot Throwing Association) legen unter anderem fest, dass bei den Herren das Wurfmaterial aus einem rechten oder linken Gummistiefel der Größe 43 besteht, von dem der Bügel am oberen Ende des Schafts entfernt wurde. Das Gewicht des Stiefels beträgt ca. 1 kg (950–1050 g), die Höhe etwa 43 cm (42–44 cm gemessen von der Ferse bis zum oberen Ende des Schafts). Bei den Damen besteht das Wurfmaterial aus einem rechten oder linken Gummistiefel der Größe 38, von welchem ebenfalls der Bügel am oberen Ende des Schafts entfernt wurde. Das Gewicht des Stiefels beträgt 0,7 kg (650–750 g), die Höhe 36 cm (35–37 cm gemessen von der Ferse bis zum oberen Ende des Schafts). Junge Werfer (11 bis 16 Jahre) werfen mit einem Stiefel der Größe 38. Kinder, die 10 Jahre oder jünger sind, werfen mit einem Stiefel der Größe 33, dessen Höhe 27,5 cm und dessen Gewicht 450 g beträgt.

263 ALTES RAUFSPIEL: AUSBRECHEN

Drei Spieler fassen sich im Kreis an. Jeder versucht, unter den Händen der beiden anderen hindurch auszubrechen und durchzuschlüpfen. Wem das Kunststück als Erstes glückt, hat gewonnen.

264 SKIMBOARDING

Vielleicht sind dir im Urlaub am Strand schon mal sogenannte Skimboards aufgefallen: Das sind schmale Bretter, mit denen man besonders im flachen Gewässer »surfen« kann. Diese ovalen, nach außen leicht gebogenen Bretter sind aus Kunststoff oder Holz und so beschichtet, dass man nicht mit den Füßen abrutscht. Prinzipiell geht es dabei immer um drei Abläufe: Laufen, Aufsteigen, Gleiten.

Es existieren drei Arten des Skimboardens. Beim *Waveskim* fährst du vom Strand aus auf eine Welle zu, versuchst einen Trick und kehrst wieder zum Ufer zurück. Beim *Jumpskimming* fährst du auf eine Welle zu und springst dann in die Luft. Beim *Flatlandskimming* brauchst du kein Meer, sondern nur flaches Wasser, etwa an einem See. Statt mit Wellen nimmst du es mit aufgebauten Rampen oder Ähnlichem auf.

Wenn du Skimboarding auch einmal probieren möchtest, empfiehlt es sich, auf ein paar Dinge zu achten. Wichtig ist es, das Brett beim Anlauf richtig zu halten und abzuwerfen. Anfänger werfen es oft zu weit nach vorne. Am Anfang ist es besser, wenn du auf das Skimboard steigst und nicht springst. Du trittst am besten zuerst mit dem hinteren Fuß auf das Board und dann mit dem vorderen.

Skimboards gibt es in verschiedenen Größen. Je größer und schwerer du bist, desto größer sollte auch das Board sein. Bei vielen Produkten findest du deshalb auch Empfehlungen zum Körpergewicht.

Entstanden ist das Skimboarden angeblich bereits in den 1920er Jahren, als Rettungsschwimmer mit diversen Holzstücken experimentierten.

265 BRIEFMARKEN

 Früher, als es noch keine Handys und Computer gab, haben sich viele Menschen Briefe geschrieben. Manche machen das natürlich heute auch noch, aber bei weitem nicht mehr in dem Ausmaß vergangener Tage.

Das Sammeln von Briefmarken war früher ein beliebtes Hobby bei Groß und Klein. Manche Briefmarke ist im Laufe der Zeit auch besonders wertvoll geworden – vor allem Fehldrucke wie das versehentlich auf dem Kopf stehende Rathaus der belgischen Stadt Dendermonde. Eine Briefmarke mit diesem Motiv ist heute locker 75.000 Euro wert. Noch wertvoller ist die »British Guiana 1 Cent magenta« aus dem Jahr 1856: 2014 wurde die Marke im Auktionshaus Sotheby's in New York für umgerechnet rund 8,5 Millionen Euro versteigert. Natürlich gibt es auf der ganzen Welt auch unzählige Briefmarken mit Sportmotiven. Es gibt eigene Kataloge, in denen zum Beispiel Briefmarken mit Fußballmotiven aufgeführt sind oder Briefmarken zu den Olympischen Spielen.

Mittlerweile ist es sogar möglich, über Online-Anbieter eigene Briefmarken herzustellen. Du kannst ja mal eine Marke mit deinem Lieblingssport gestalten…

❖ ❖ ❖

266 DAS LÄNGSTE EISHOCKEYSPIEL

 Den Weltrekord für das längste Eishockey-Spiel halten die norwegischen Mannschaften Storhamar Dragons und Sparta Warriors. Am 12. März 2017 dauerte ihre Begegnung offiziell zwar nur 217 Minuten und 14 Sekunden (drei Stunden und 37 Minuten), allerdings brauchten sie dafür acht Verlängerungen und mit den damit verbundenen Spielunterbrechungen und Pausen insgesamt über acht Stunden. Kurz vor der neunten Verlängerung traf dann glücklicherweise Joakim Jensen ins Tor der Spartas. Sonst würden sie vielleicht immer noch spielen.

267 VOLLEYBALL

  *Volleyball* ist eigentlich ein klassischer Hallensport, hat mit dem *Beachvolleyball* aber mittlerweile populären Zuwachs bekommen. Für einfache Spiele kannst du dich an der Strandvariante orientieren. Dafür markierst du im Park oder im Garten ein Spielfeld, das durch ein Netz geteilt ist. Du kannst hier, wie bei anderen Spielideen auch, eine Schnur nehmen, ein Baustellenband oder ein Netz. Beim Beachvolleyball stehen auf jeder Seite üblicherweise zwei Spieler und bilden eine Mannschaft (bei der klassischen Variante des Spiels sind es laut offiziellem Regelwerk sogar sechs).

Nach dem Aufschlag, der hinter der Grundlinie erfolgt, darf das jeweils annehmende Team dreimal den Ball berühren, bevor er in das gegnerische Feld zurückgespielt wird. Nicht erlaubt ist jedoch, dass ein und derselbe Spieler zweimal hintereinander den Ball annimmt. Der klassische Spielzug sieht entsprechend so aus: *Aufschlag –> Annahme, Zuspiel, Schlag –> Annahme, Zuspiel, Schlag –> Jubel über Punktgewinn*. Der Ball darf beim Zuspielen innerhalb eines Teams nicht auf den Boden kommen.

Beim Volleyball gibt es zahlreiche Annahme-, Zuspiel-, Aufschlag- und Blocktechniken. Diese drei Techniken sind besonders wichtig:

Baggern

Das Baggern kommt sowohl bei der Annahme als auch beim Zuspiel zum Einsatz. Dabei sind die Arme lang vor dem Körper ausgestreckt. Die Handgelenke bilden mit den Unterarmen eine gerade Linie. Am besten kannst du den Ball kontrollieren, wenn du ihn möglichst nah an den Handgelenken spielst.

Pritschen

Beim Pritschen spielst du Ball über der Stirn. Dafür bildest du aus Daumen und Zeigefingern beider Hände ein Dreieck und hältst die Arme ausgestreckt nach vorne oben. Wenn nun der Ball kommt, geben die Handgelenke und Ellenbogen etwas nach, nur die vorderen Fingerglieder berühren den Ball und spielen ihn in die Höhe.

Aufschlag

Beim Aufschlag (und auch beim Schlagen über das Netz) dreht sich alles um das richtige Timing. Die gute Position zum Ball ist besonders entscheidend. Für den Schlag ist wichtig, den Ball mit der flachen Hand zu treffen. Den Aufschlag kannst du zuerst aus dem Stand probieren. Wenn du mehr Sicherheit beim Treffen hast, kannst du es mit Anlauf und Springen probieren.

Volleyball ist Ende des 19. Jahrhunderts in den USA entstanden. Eine interessante Variante ist *Sitzvolleyball*. Die Netzhöhe ist angepasst und liegt bei circa einem Meter. Der Ball darf nur gespielt werden, wenn der Hintern auch wirklich Bodenkontakt hat.

268 INDO-BOARD SELBSTGEMACHT

Was machen Wassersportler wie Surfer, wenn mal kein Nass zur Verfügung steht, sie sich aber trotzdem mit ein paar Haltungsübungen bei Laune halten wollen? Viele von ihnen greifen für Trockenübungen zu einem Indo- oder Balance-Board. Durch das Training auf einem solchen instabilen, kippligen Brett, das ständig unter einem wegzurollen droht, stärkt man allerlei Muskeln, das Gleichgewicht und die Konzentration. Und das ist natürlich auch in vielen anderen – eigentlich praktisch allen – Sportarten von Vorteil. Balance-Boards kannst du natürlich fix und fertig im Fachhandel erwerben. Wer Zeit und Lust hat, kann sich ein solches Trainingsgerät aber auch mit wenig Aufwand selbst aus einem Brett und einem Rohr zusammenschustern.

Als Rohr eignet sich ein Abwasserrohr aus Kunststoff (je nach Gewicht des Sportlers auch von innen verstärkt). Als Brett kannst du ein Stück Holz (ca. 40 x 60 cm) nehmen oder eine Multiplexplatte aus Birkenholz. Das Holz kannst du nach Lust und Laune sägen, schleifen und gravieren. Damit sich dein Indo-Board nicht allzu leicht von der Rolle verabschiedet, kannst du an der Unterseite des Brettes mit etwas Abstand zu den Rändern zwei Stücke einer passenden Holzleiste mit Schrauben befestigen.

Mit dem Board kannst du verschiedene Übungen wie z. B. *Squats* durchführen. Dafür steigst du auf das Board und balancierst dich aus, bis du sicher stehst. Mit nach vorne ausgestreckten Armen gehst du dann allmählich in die Hocke. Deine Knie sollten dabei nie weiter vor deinen Zehen liegen.

269 WAS DU BEIM TOUCHDOWN BESSER SEIN LÄSST

 Beim *American Football* krönt der Touchdown bekanntermaßen einen erfolgreichen Spielzug. Entsprechend kurios können die Touchdown-Feiern der Spieler ausfallen. Alles andere als alltäglich war die Jubelpose von Terrell Owens. Der Akteur der San Francisco 49ers holte 2002 nach einem Touchdown einen Stift aus seiner Socke, unterschrieb damit den Football, mit dem ihm der Touchdown geglückt war, und gab ihn dann seinem Finanzberater. Für das »Vergehen« wurde ihm später eine Geldstrafe von 20.000 Dollar aufgebrummt. Der offizielle Grund dafür: »Verunstaltung des Balles«.

270 KORBSCHIESSEN

 Bei diesem Fußballspiel suchst du dir als Ziel eine Tonne, einen Eimer oder Ähnliches aus. Dann versuchst du, aus einer bestimmten Entfernung den Ball mit drei Kontakten in das Ziel zu schießen. Dabei darf der Ball nicht den Boden berühren – weder bei bzw. zwischen den Ballkontakten noch beim Flug ins Ziel. Alle Mitspieler haben die gleiche Anzahl an Versuchen. Wer am häufigsten trifft, ist Korbkönig.

271 FELDHANDBALL

Handball ist ein Hallensport. Aus heutiger Sicht stimmt der Satz. Doch es ist gar nicht so wahnsinnig lange her, da war *Feldhandball* noch die zweitpopulärste Sportart in Deutschland nach dem Fußball. So kamen im Jahr 1959 immerhin 93.000 Zuschauer ins Leipziger Zentralstadion, um ein Handball-Länderspiel zwischen der DDR und der Bundesrepublik Deutschland zu verfolgen.

Gespielt wurde Feldhandball meist auf einem großen Feld – Mannschaftsstärke und Regeln ähnelten dem Fußball. Nicht zuletzt aufgrund einiger Regeländerungen litt die Beliebtheit dieser Sportart im Laufe der Jahre. Zudem wurde Handball auch in den skandinavischen Ländern immer populärer, wo die klimatischen Bedingungen das Spiel unter freiem Himmel erschwerten. So rückte der Hallenhandball mit seiner kleineren Spielfläche in den Mittelpunkt.

Auf einem kleinen Feld könnt ihr ja mal Feldhandball ausprobieren. Den Torraum könnt ihr z. B. mit Markierungsscheiben kennzeichnen.

272 SUMO

 Insbesondere in Japan erfreut sich das *Sumo-Ringen* enormer Popularität. Für Nichteingeweihte ist Sumo in jedem Fall eine faszinierende Kampfsportart, bei der sich zwei nur mit einem Spezialgürtel bekleidete Protagonisten innerhalb eines Kreises bekämpfen. Ziel des Duells ist es, den Gegner aus dem Kreis zu drängen oder aus der Balance zu bringen, so dass er den Boden mit einem anderen Körperteil als den Fußsohlen berührt. Ein Kampf dauert meistens nur wenige Sekunden. Da es um Kraft und Technik geht (und weniger um Ausdauer), sind Sumo-Ringer häufig sehr korpulent. In die Geschichtsbücher eingegangen ist der Hawaiier Konishiki, der mit 280 kg (bei einer Größe von 1,84 m) als schwerster Sumo-Ringer der obersten japanischen Profi-Liga galt. Bei den Amateuren hat sich der US-Amerikaner Emmanuel Yarborough einen Namen gemacht, da er es bei einer Körpergröße von 2,04 m auf ein sattes Kampfgewicht von mehr als 320 kg brachte. Angeblich soll er sogar mal 372 kg gewogen haben.

Der japanische Sumo-Verband zählt über 80 Siegtechniken – vom Schleudern, Schieben und Werfen bis zum Überlisten. Einige Techniken stammen aus dem Judo. Verboten ist auch allerlei, etwa Würgen, Haareziehen, Fingerumbiegen, Treten, Faustschläge oder Schläge auf beide Ohren.

Wenn du selber Sumo-Ringen ausprobieren möchtest, beginnst du am besten mit einer ausgiebigen kalorienreichen Ernährung (mit viel Nussnougatcreme, Käsepizza und Limonaden). Wenn du jetzt meinst, dass das auf Dauer vielleicht doch nicht so eine gute Idee ist, hast du wahrscheinlich recht. Dann versucht ihr besser einfach mal zu zweit ein kleines Kampfspiel, bei dem gewinnt, wer den Kontrahenten zuerst aus einem Kreis schiebt.

273 KALORIEN RECHNEN MIT DEM RENNRAD

»Ich soll künftig mehr Fahrrad fahren, um abzunehmen.« Vielleicht hast du diesen Satz aus dem Mund deiner Eltern vernommen, nachdem sie beim Arzt waren. Keine Frage: Wer viel (und gerne auch recht zügig) Fahrrad fährt, verbrennt dabei eine Menge Kalorien und zugleich Fett.

Doch wie genau hängt das zusammen? Das lässt sich doch sicher auch ausrechnen, oder? Stimmt, das kann man. Die Formel für den Energieverbrauch beim Radfahren lautet: Durchschnitts-Watt x Zeit x 3,6. Wer also eine Stunde lang mit 100 Watt Leistung in die Pedale tritt, verbrennt dabei 360 Kcal (100 x 1 x 3,6 = 360).

Wenn man jetzt eine Tafel Vollmilchschokolade nimmt, die auf etwa 535 Kalorien kommt, heißt das, dass du ungefähr 1,5 Stunden mit 100 Watt Leistung fahren musst, um diese Kalorien zu verbrennen. Oder du fährst 45 Minuten mit 200 Watt (200 x 0,75 x 3,6). Das kannst du deinen Eltern auch mal vorrechnen – als Motivationshilfe.

274 DER BESTE FILM ÜBER ARMDRÜCKEN

Beim Armdrücken messen zwei Kontrahenten auf einfache Art und Weise ihre Kräfte, indem sie versuchen, den Arm des Gegners auf eine Tischplatte oder Ähnliches hinabzudrücken. Wie spannend das sein kann, zeigt der beste Film, der jemals über diese Kraftsportart gedreht wurde: In dem Action-Streifen »*Over the Top*« aus dem Jahr 1987 steht ein Lastwagenfahrer im Mittelpunkt, den der notorische Sport-Imitator Sylvester Stallone mimte und der sensationelle Kräfte entfesseln konnte. Der Superlativ »Der beste« ist in diesem Fall ehrlicherweise nicht ganz so aussagekräftig: »*Over the Top*« ist wahrscheinlich auch der einzige Film, der sich ausgiebig dem Armdrücken widmet. (ab 12 Jahren)

275 ERFINDUNGSREICH: STREETHOCKEY

»Eishockey ist in Deutschland leider nicht so groß, um im Freien zu spielen, und die Bedingungen lassen es auch oft nicht zu. Wir haben häufig auf der Straße gespielt, aber nicht auf einem See oder dergleichen.«
—
*NHL-Star Leon Draisaitl auf die Frage,
ob er schon mal im Freien Eishockey gespielt habe*

276 BOGENSCHIESSEN

Ein unverzichtbares Utensil bei klassischen Cowboy-Spielen sind Pfeil und Bogen. Auch wenn es einfach aussieht, ist der Bogensport alles andere als simpel. Er erfordert eine Menge Konzentration, Fokussierung und Kraft.

Du kannst Pfeil und Bogen natürlich im Fachhandel kaufen, aber mit ein wenig Mühe und Geschick auch selber basteln. Für den Bogen nimmst du einen langen, geraden Ast, der ungefähr 1 Meter lang und 1,5 cm dick ist. Dafür eignen sich Haselnuss, Ulme oder Esche. Zudem benötigst du eine reißfeste Nylonschnur von ca. 1,5 Meter Länge. Für die Pfeile eignen sich gerade Äste wie Haselnuss oder Weide, die zwischen 50 und 90 cm lang sind. Du kannst alternativ auch Pflanzstäbe im Gartencenter kaufen. Zudem brauchst du Kleber und Vogelfedern. Anschließend gehst du dann so vor:

- An beiden Enden des Bogen-Astes schneidest du mit einem Taschenmesser Kerben für die Schnur ein. Die Schnur sollte nicht rausrutschen können. Dann knotest du die Schnur an das eine Astende. Um das andere Ende machst du eine Schlaufe, die etwa 5 cm umfasst. Damit spannst du den Bogen und verknotest die Schlaufe möglichst fest.
- Was den Pfeil angeht, ritzt du mit dem Taschenmesser eine Kerbe in ein Astende. Der Pfeil hat nun einen besseren Halt an der Sehne. Das andere Ende kannst du anspitzen.
- Die Vogelfedern halbierst du und schneidest noch die Kielspitzen ab. Dann klebst du sie an das Pfeilende. Achte darauf, etwas Platz zwischen hinterem Ende und Federn zu lassen, damit du den Pfeil beim Spannen gut festhalten kannst.

Nun kann der Spaß beginnen. Es versteht sich von selbst, dass du nicht auf Menschen oder Tiere zielst und Bogenschießen nur im Beisein eines Erwachsenen ausprobierst, der gut aufpasst, das nichts passieren kann.

277 FANGENSPIELEN MAL ANDERS

 Fangen, Packen, Haschen, Ticken. Es gibt viele verschiedene Namen für dieses Spiel, das schon Generationen von Kindern mit Hingabe zelebriert haben. Die Grundregeln kennt eigentlich jeder, doch es gibt auch zahllose Varianten. Zum Beispiel den *Kletterbären*. Bei diesem Spiel können sich die zu Fangenden retten, indem sie auf etwas klettern (Bäume, Mauer, Stangen, Stühle, Bänke etc.). Wenn sie den Boden nicht mehr mit den Füßen berühren, sind sie sicher. Der Fänger kann allerdings warten, bis jemand runterkommt. Es kann gerne auch mit mehreren Fängern gespielt werden.

Das Spiel *Schattenfangen* ist nur bei Sonnenlicht spielbar. Der Fänger muss auf den Schatten des Betreffenden treten und dabei laut »Gefangen!« rufen, um jemanden zu fangen. Wer erwischt wird, tauscht die Rollen und wird selber zum Fänger.

Beim *Kettenfangen* nimmt der Fänger einen »Geschlagenen« an die Hand. Gemeinsam bilden sie eine Kette und machen sich nun auf die Jagd nach den anderen. Die Kette gilt als vollständig, wenn sechs Spieler geschlagen wurden. Dann wird eine zweite Kette gebildet.

❖ ❖ ❖

278 SIEGPRÄMIEN ALS MOTIVATIONSHILFE

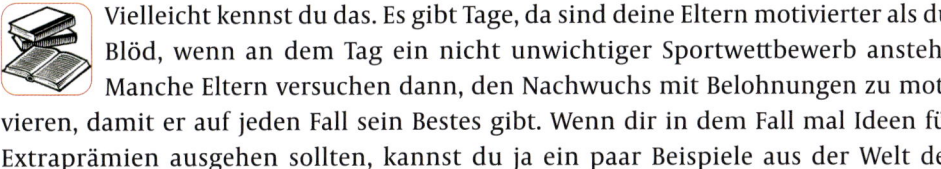 Vielleicht kennst du das. Es gibt Tage, da sind deine Eltern motivierter als du. Blöd, wenn an dem Tag ein nicht unwichtiger Sportwettbewerb ansteht. Manche Eltern versuchen dann, den Nachwuchs mit Belohnungen zu motivieren, damit er auf jeden Fall sein Bestes gibt. Wenn dir in dem Fall mal Ideen für Extraprämien ausgehen sollten, kannst du ja ein paar Beispiele aus der Welt des Profisports anführen.

Die amerikanische Skirennläuferin *Lindsey Vonn* beispielsweise durfte sich über den Gewinn einer Kuh freuen, die sie als Siegerin eines Abfahrtrennens im französischen Val d'Isère erhalten hat. Wenn du also ein großes Kinderzimmer hast…

Der österreichische Fußballer *Ivica Vastic* hat im Gegenzug für das einzige EM-Tor für sein Heimatland Österreich von einer Brauerei lebenslang Freibier spendiert bekommen. Nun solltet ihr natürlich die Finger von alkoholhaltigen Getränken lassen – aber man kann ja mal mit den Eltern über eine Limo-Flatrate diskutieren.

Sollte jemand von deinen Eltern oder Verwandten bei der Post arbeiten, ist vielleicht auch das eine Möglichkeit: Die Royal Mail hat angehenden britischen Olympiasiegern eine Briefmarke mit Siegerportrait versprochen.

Wer es lieber flauschiger mag: Der Gewinner des Radrennens Kuurne–Brüssel–Kuurne erhält traditionell einen Esel als Kuscheltier auf dem Siegerpodium. Hintergrund ist, dass die Einwohner der Stadt Kuurne von ihren Nachbarn immer als »Esel« verhöhnt wurden, den abfälligen Spitznamen inzwischen aber sehr lieb gewonnen haben.

279 WIE GEHT EIGENTLICH... BILLARD SPIELEN

 Selbst wenn du noch niemals ein Queue (so heißt der Spielstock beim Billard) in der Hand gehalten hast, wirst du mit ziemlicher Sicherheit irgendwo schon einmal etwas vom Billardspiel mitbekommen haben. Und sei es nur, dass du beim Zappen mal kurz in einer der stundenlagen *Snooker*-Übertragungen auf »Eurosport« gelandet bist… Snooker ist übrigens weltweit gesehen eine der beliebtesten Billard-Spielarten – davon gibt es gut und gerne 35, darunter etwa *Poolbillard*, *Karambolage* oder *Kegelbillard*.

Wer zum ersten Mal an einem Billardtisch steht, wird merken, dass es alles andere als einfach ist, die Kugeln so zu treffen, dass sie auch in einer der Versenkungen verschwinden, die ein Billardtisch so parat hält. Wer selber so einen Tisch besitzt, darf sich in guter Gesellschaft fühlen: Der allererste Besitzer eines Billardtisches war nämlich niemand Geringerer als Ludwig XI. von Frankreich, der auch für seinen schönen Beinamen »Der Kluge« bekannt war.

Hierzulande ist Poolbillard die mit Abstand am häufigsten gespielte und zu findende Variante. Dabei bekommt ein Spieler die »ganzen« (komplett farbigen) Kugeln, der andere die »halben«. Jeder muss nun versuchen, mit der weißen Spielkugel seine sieben Kugeln als Erster in den Taschen zu versenken – und als Allerletztes dann die schwarze. Mit ein paar Übungen kannst du dein Billardspiel Schritt für Schritt verbessern:

Tipp 1: Baue die Kugeln richtig auf.

Wer die Kugeln beim ersten Stoß richtig gut treffen möchte, sollte beim Poolbillard die 15 Bälle auch ordentlich im Dreieck aufbauen. An die Spitze kommt dabei die Kugel mit der 1, die schwarze Kugel mit der 8 legst du in die Mitte. Je ein voller und ein halber Ball kommt an die hinteren Ecken, der Rest ist frei wählbar. Wichtig ist, dass so wenig Platz wie möglich zwischen den Kugeln ist – alle Kugeln sollten ihre Nachbarkugeln berühren.

Tipp 2: Sei konzentriert.

Billardspielen hat sehr viel mit der richtigen Konzentration zu tun. Gerade wenn man in einer größeren Gruppe spielt oder sich in einer lauten Gaststätte befindet, in der es zudem noch nach Schnitzel und Pommes duftet, ist man schnell abgelenkt. Umso wichtiger ist es, dass du dich auf dein Spiel, den Billardtisch und die Lage der Kugeln konzentrierst.

Tipp 3: Erst denken, dann stehen.

Beim Billard richtig zu stehen, ist selbst für Fortgeschrittene keine Selbstverständlichkeit. Eine falsche Körperhaltung wirkt sich unmittelbar auf die Genauigkeit des Stoßes aus. Es kommt vor allem auf den Winkel der Stoßhand an, mitunter wird auch das Queue falsch angefasst. Bevor du dich

herunterbeugst, schaue dir erst mal an, wie du die weiße Kugel spielen willst. Dafür denkst du dir eine gerade Linie, in der du deinen Stoß ausführen möchtest. Dann versuchst du, dein Queue auf die Verlängerung dieser Linie zu bringen – erst dann bringst du dich in Spielposition und führst die Bewegung aus.

Tipp 4: Verzichte auf Kraft, achte auf Präzision.

Ein weit verbreiteter Anfängerfehler besteht darin, die Stöße viel zu kräftig auszuführen. Darunter leidet die Präzision. Das gilt übrigens auch für den Anstoß. Wenn du die Hälfte der versammelten Kugeln mit ordentlich Karacho triffst, bringt dir das weniger, als mit geringerer Geschwindigkeit alle Kugeln zu treffen.

Tipp 5: Achte auf die weiße Spielkugel.

Klar: Am Anfang bist du froh, wenn du überhaupt eine Billardkugel richtig triffst. Das ist gewiss allen Anfängern so ergangen. Wer ein guter Billardspieler werden möchte, beherrscht aber nicht nur das richtige Zielen, sondern denkt auch immer schon an den nächsten Schritt. »Antizipieren« ist so ein Wort, das Fußballkommentatoren gerne in den Mund nehmen und das hier prima passt. Wer nämlich den Lauf der weißen Kugel vorhersieht und kontrolliert, kann sich für den kommenden Stoß optimal positionieren. Selbst wenn nicht immer alles auf Anhieb gelingen mag, sollte man beim Billard stets vorausplanen und den nächsten Stoß mitbedenken. Deshalb hilft es immer, sich zu überlegen, was die weiße Kugel machen wird, nachdem sie die anvisierte Kugel getroffen hat.

280 CROSSGOLF

 Was braucht man, um einer der erfolgreichsten Golfer der Geschichte zu werden? Sollte man im zarten Alter von zwei Jahren bereits den Ball einlochen und in Fernseh-Shows auftreten können? Für Earl Woods stand früh fest, dass sein Sohn Tiger Golfprofi werden muss. Entsprechend ambitioniert fiel das Übungsprogramm für den kleinen Tiger aus, das sich der Vater ausgedacht hatte, der sonst bei der U. S. Army arbeitete.

Da dein Vater wahrscheinlich nicht für das amerikanische Militär tätig ist und dich auch nicht kurz nach deiner Geburt zu diversen Golfspielübungen verdonnert hat, wirst du vielleicht nicht als Golflegende in die Geschichte eingehen. Vielleicht hast du dafür aber beim Crossgolfen mehr Spaß als so mancher Golfprofi.

Der Vorteil beim *Crossgolf* ist, dass dieser Sport fast überall gespielt werden kann – in Parks oder alten Industrieanlagen. Du benötigst lediglich einen Schläger und einen Ball. Regeln gibt es keine – abgesehen von einem ganz wesentlichen Aspekt: Sicherheit geht vor. Crossgolfer nehmen selbstverständlich Rücksicht auf Spielflächen und Passanten. Auf Start und Ziel verständigen sich die Mitspieler im Vorfeld. Ihr könnt wie beim großen Bruder, dem Golfsport, mehrere Bahnen spielen. Dann werden alle benötigten Schläge pro Spieler zusammengerechnet – wer am Ende die wenigsten Schläge für alle Bahnen gebraucht hat, hat gewonnen.

Eine alternative Zählweise orientiert sich am Ryder Cup, einem bedeutenden Golfturnier. Bei dieser Variante treten pro Bahn immer zwei Spieler gegeneinander an, deren Resultate verglichen werden. Wer besser abgeschnitten hat, erhält 1 Punkt, der Gegner geht leer aus. Bei einem Unentschieden erhalten beide Spieler 0,5 Punkte. Am Ende werden die Punkte addiert.

Crossgolf wird häufig mit speziellen Softbällen gespielt. Ihr könnt einfach verschiedene Bälle in unterschiedlichen Größen ausprobieren – aber nie vergessen: Sicherheit geht vor. Wenn ihr keine Golfschläger habt, versucht es mal mit den günstigeren Plastik-Hockeyschlägern.

Crossgolf hat übrigens nur wenig mit *Golf-Cross* zu tun. Diese Sportart ist in Neuseeland verbreitet und vermischt Rugby- und Golf-Elemente. Die Spieler versuchen dabei, einen eiförmigen Ball in ein kleines Tor mit Netz zu bugsieren.

281 EINSCHLAFEN MIT REGELWERK

 Gewiss kennst du die Geschichte mit dem Schäfchenzählen: Wenn du nicht einschlafen kannst, zählst du in Gedanken so lange Schäfchen, bis der Schlaf sich einstellt. Heutzutage benutzen Erwachsene, die Probleme mit dem Einschlafen haben, spezielle Apps auf ihrem Smartphone oder Tablet. In den USA gibt es eine beliebte Relax-App, in der der ehemalige Tennis-Star *John McEnroe* eine Rolle spielt.

Obwohl McEnroe in seiner Karriere neben zahlreichen Erfolgen vor allem für rüpelhafte Auftritte bekannt und gefürchtet war (er hält wahrscheinlich den ewigen Rekord, was Schimpfwörter und zerdepperte Tennisschläger auf dem Platz betrifft), zeigt er hier eine beruhigende Seite. Er sagt Sätze wie »Stellen Sie sich vor, Sie ruhen sich auf einem bequemen Rasenplatz aus, während die Sommerbrise vorbeizieht und Vögel in der Ferne zwitschern«, bevor er im Anschluss das Regelwerk des Internationalen Tennis-Verbands vorliest. Und zwar das ganze. Da die Regeln 45 Seiten lang sind, fällt sein Wortbeitrag entsprechend lang aus – eben die perfekte Einschlafhilfe.

Lass dich von McEnroe und den Tennisregeln inspirieren: Wenn du nicht einschlafen kannst, denke einfach an all die Regeln deiner Lieblingssportart. Oder lese vorm Schlafengehen einfach noch mal ein paar offizielle Regelwerke nach. Die »Wettkampfbestimmungen für den Straßenrennsport« des Bundes Deutscher Radfahrer (BDR) sind beispielsweise 78 Seiten lang. Die Fußballregeln des DFB sind sogar noch weitaus umfangreicher und kommen auf stolze 164 Seiten. Da hat auch das hartnäckigste Schäfchen keine Chance mehr.

282 AUF DER ÜBERHOLPISTE

 Wer schon mal in den Bergen Skifahren war, weiß, dass es bei diesem Sport ganz schön rasant zugehen kann. Simone Origone, ein italienischer Skifahrer, kann davon ein Liedchen trällern. Schon im Alter von drei Jahren begann er mit dem Skisport. Sein Vater, ein Skilehrer, begleitete ihn Schritt für Schritt. Schon mit 16 beschäftigte sich Simone Origone intensiv mit dem Geschwindigkeitsfahren. 2006 durchbrach er die 250-km/h-Grenze. Mehrfach stellte er seitdem neue Geschwindigkeitsweltrekorde im Skifahren auf. 2016 wurde er aber überflügelt: Die neue Bestmarke von unglaublichen 254,958 km/h erreichte niemand anderes als sein jüngerer Bruder, Ivan Origone. Mit mehr als 70 Metern, die er in einer Sekunde zurücklegte, war er schneller als so mancher Sportwagen.

Speedski ist eine Spezialdisziplin, die nur auf wenigen freigegebenen Strecken absolviert werden darf. Die Piste im französischen Vars, auf der mehrere Rekorde erzielt wurden, weist teilweise ein Gefälle von 98 Prozent auf (das ist ungefähr ein 45-Grad-Winkel). Der erste Fahrer, der die 100 km/h übertraf, war 1930 Gustav Lantschner. Die 200 Stundenkilometer wurden zum ersten Mal 1978 von Steve McKinney erreicht.

283 WIE GEHT EIGENTLICH... KÖPFÜBER INS WASSER SPRINGEN

Beim Köpper ins Wasser braucht es neben Mut vor allem Körperspannung, Kraft und Konzentration – egal ob du vom Beckenrand oder vom 10-Meter-Turm springst. Bevor es aber hoch hinaus geht, solltest du lieber kleiner anfangen und Schritt für Schritt immer sicherer werden. Anfänger starten also am besten mit einem Kopfsprung, den sie vom Beckenrand, einem Startblock oder dem 1-Meter-Brett ausführen können. Du solltest auf jeden Fall schon schwimmen und tauchen können.

Vor dem Sprung

Achte vor dem Sprung darauf, dass der Eintauchbereich frei ist. Natürlich muss der Tauchbereich auch in freien Gewässern tief genug sein.

Beim Sprung

Beim Kopfsprung tauchst du mit Kopf und gestreckten Armen voran ins Wasser ein. Klingt einfach, ist es aber nicht unbedingt. Achte bei der Ausgangsposition darauf, dass die Zehen leicht überstehen. Dann winkelst du die Beine zu einer Hockposition an. Die Arme streckst du voran – der Kopf ist dabei zwischen den Oberarmen. Nun stößt du dich mit den Beinen ab. Die Beine sollten gestreckt bleiben. Es empfiehlt sich, dass der Kopf bis zum Eintauchen ins Wasser zwischen den Armen bleibt. Wenn du ihn vorher anhebst, kannst du leicht mit einem Bauchklatscher landen – und das kann weh tun.

Wenn du sicherer geworden bist, kannst du in der Startphase auch mit den Armen Schwung holen.

Gerade als Anfänger brauchst du dich am Anfang nicht um Schnelligkeit beim Sprung zu kümmern. Lass dir Zeit für die einzelnen Schritte. Manchen hilft es, wenn sie sich bei ihren ersten Kopfsprüngen ein virtuelles Ziel auf dem Wasser vorstellen, das mindestens einen Meter vom Beckenrand entfernt liegt. Du kannst auch deine beiden Daumen miteinander verhaken.

Nach dem Sprung

Nach dem Springen schnell nach vorn wegschwimmen. Auf keinen Fall zum Sprungbereich zurückschwimmen.

284 ZOMBIEBALL MIT JUBELPOSE

Zombieball kennen viele aus dem Schulunterricht: Alle laufen durcheinander, jeder kann jeden abwerfen. Gespielt wird mit einem oder mehreren Bällen. Diejenigen Spieler, die getroffen worden sind, erledigen anschließend eine kleine Aufgabe (Liegestütze; im Kreis drehen etc.), bevor sie sich als Zombie an den Spielfeldrand setzen. Sie dürfen erst dann wieder ins Feld, wenn der Mitspieler, der sie jeweils getroffen hat, selber abgeworfen wurde. Generell gilt: Wer einen Ball in der Hand hält, darf maximal noch drei Schritte laufen, bis er wirft.

Von diesem Wurfspiel gibt es zahlreiche Varianten oder Zusatzregeln. Zum Beispiel: Wird ein Ball gefangen, verwandelt sich der Werfer automatisch in einen Zombie. Oder es gibt einen Spielleiter, der laut »Zombieball« rufen darf, so dass alle abgeworfenen Spieler wieder aufs Spielfeld laufen dürfen.

Eine ziemlich lustige Regel sieht vor, dass ein Werfer nach einem erfolgreichen Treffer eine Jubelpose als Einlage aufführt, die ihn für eine vorab festgelegte Zeit (von ein paar Sekunden) unbesiegbar macht. Das kann die »Dab Dance«-Toreinlage von Paul Pogba sein oder die Löffel-im-Topf-umrühren-Pose, die NBA-Star James Harden bekannt gemacht hat. Natürlich könnt ihr auch eigene Tanzeinlagen erfinden.

285 PARKOUR VERSUS FREERUNNING

Vielleicht kennst du eines dieser actionreichen *Parkour*-Videos, in denen Sportler von Dächern springen oder Hindernisse auf trickreiche Art überwinden. Beim Parkour geht es darum, durch geschicktes Laufen und Springen Hindernisse zu überwinden. Das können Treppen, Geländer oder sogar Häuser sein. Hilfsmittel gibt es nicht. Parkour wird oft in Städten ausgeübt, es existieren mittlerweile aber auch Parkour-Vereine, die in Hallen ihrem Sport nachgehen.

Oft wird Parkour mit *Freerunning* gleichgesetzt. Der Unterschied ist nicht allzu groß. Beim Parkour soll das Ziel mit so wenig Kraftanstrengung wie möglich erreicht werden. Beim Freerunning stehen beim Überwinden der Hindernisse Kreativität und Trickreichtum im Fokus. Kurz: Beim Parkour dreht sich vieles um Effizienz, beim Freerunning um Style.

Was beide verbindet, ist das Risiko. Denn schon ein kleiner Fehltritt kann langwierige Verletzungen nach sich ziehen. Wer Lust hat, Parkour auszuprobieren, ist deshalb bei Vereinen gut aufgehoben, die über Parkour-Hallen mit passenden Absicherungen verfügen. Ein paar Grundlagen für das Parkour-Training:

Schritt für Schritt vorgehen
Parkour ist kein Wettbewerbssport. Du kannst gemäß deinen persönlichen Fähigkeiten einen Hindernis-Parcours bestreiten – ohne jeglichen Zeitdruck. Beginne mit leichteren Hindernissen. Probiere einzelne Bewegungen und Tricks aus, bevor du dich an schwierige Herausforderungen wagst.

Trainiere dein Gleichgewicht
Balance spielt beim Parkour eine wichtige Rolle. Um deinem Gleichgewichtssinn etwas Gutes zu tun, kannst du zum Beispiel auf Baumstämmen oder einer Slackline balancieren. Auch Longboarden eignet sich hervorragend.

Trainiere deine Ausdauer
Da das Laufen ein elementarer Bestandteil von Parkour ist, hilft dir regelmäßiges Joggen oder Laufen. Bei einigen Hindernissen brauchst du auch eine hohe Anlaufgeschwindigkeit. Sprinten kannst du also auch trainieren.

Trainiere das Springen
Um das präzise Springen zu üben, suchst du dir ein Ziel aus – beispielsweise eine Linie oder eine markierte Stelle. Dann versuche so genau wie möglich auf diesem Ziel zu landen. Wenn du sicher bist, kannst du von niedrigen Objekten springen und mit beiden Füßen landen.

Trainiere Kraft und Koordination
Auch das Klettern spielt beim Parkour eine große Rolle. Üben kannst du das in Kletter- und Boulderhallen oder in Kletterparks.

286 VON GROSSEN LERNEN

Der 2,13 Meter große *Dirk Nowitzki* gilt als bester und erfolgreichster Basketballer aus Deutschland. Früh wechselte er in die US-amerikanische Profiliga NBA, wo er von 1999 bis 2019 für die Dallas Mavericks auf Korbjagd ging. In den 21 Spielzeiten gewann er als erster Deutscher den NBA-Meistertitel und avancierte mit 31.560 erzielten Punkten zum sechstbesten Werfer der NBA. Er hat so ziemlich alle Auszeichnungen erhalten, die es im Basketball gibt, auch die als bester Teamplayer.

Dabei war in der Jugendzeit nicht absehbar, dass Dirk Nowitzki sich zu einer waschechten Basketball-Legende entwickeln würde. Das Buch »*The Great Nowitzki: Das außergewöhnliche Leben des großen deutschen Sportlers*« gibt Einblicke in seine Kindheit. So war es anfangs nicht Basketball, sondern Handball, der ihn als Kind begeisterte. Mit seiner Familie verbrachte er ganze Samstage in der Sporthalle, wo über  den ganzen Tag verteilt Spiele der verschiedenen Altersklassen von den Kindern bis zu den Erwachsenen ausgetragen wurden. In den Spielpausen lockte die Aussicht auf koffeinhaltige Kaltgetränke, Pommes und Süßwaren. Wenn die Kids nicht selber Handball spielten oder anderen dabei zusahen, ging es in einen Geräteraum, wo allerlei Bewegungsspiele veranstaltet wurden. Was den Sport angeht, war Dirk ein wahres Multitalent. Er spielte Tennis auf hohem Niveau – und natürlich Basketball. Mit seiner Körpergröße war er für diese Sportart geradezu prädesdiniert. Allerdings ist das mit dem Wachstum auch so eine Sache. Mit 15 Jahren war Dirk schon 2 Meter groß und entsprechend dürr. Er selber empfand seinen Körper als ein wenig unförmig, weshalb er nicht gerne ins Schwimmbad ging. Stattdessen warf er zu Hause alleine auf einen Basketballkorb.

Dirk Nowitzki ist übrigens auch der erste Basketball-Profi, der in der »*ARD Sportschau*« für eine Beteiligung zum »Tor des Monats« ausgezeichnet wurde – ohne selber ein Tor erzielt zu haben! 2016 hatte er mit einer Prominenten-Mannschaft an einem Fußball-Benefizspiel für den verunglückten Formel-1-Piloten Michael Schumacher teilgenommen. Dabei flankte Nowitzki zu seinem Teamkollegen Lukas Podolski, der per spektakulärem Seitfallzieher einnetzte. Beide wurden für diesen Treffer bei der Wahl zum »Tor des Monats« zusammen nominiert. Ihre Gemeinschaftsproduktion am 27. Juli 2016 zum 9:5 erhielt die meisten Stimmen. Nowitzki gab hinterher zu, dass ihm die Flanke etwas über den Spann gerutscht war.

287 VIER GEWINNT MIT BÜCKEN

 Große Hausnummer, kleine Hausnummer, Tannenbaum… Du hast bei diversen Geburtstagsfeiern all die üblichen Kegelspiele schon mehrfach durch und sehnst dich nach etwas Abwechslung? Dann probiert doch mal, eines der klassischen Strategiespiele auf die Jagd mit rumpelnder Kugel auf Kunststoff-Pins zu übersetzen und spielt »Vier gewinnt«-Kegeln.

Auf der Tafel wird zunächst ein Raster mit 6 Zeilen und 9 Spalten aufgezeichnet und von links nach rechts durchnummeriert (1–9). Die beiden Tischseiten spielen gegeneinander und sind abwechselnd an der Reihe. Ein Team hat das »X« als Symbol, das andere das »O«. Nach jedem Wurf trägt der Spieler, der geworfen hat, sein Symbol im untersten noch freien Feld der zugehörigen Spalte ein – also z. B. bei einer 1 in der Spalte ganz links oder bei einer 5 in der mittleren der 9 Spalten. So füllt sich allmählich das Raster mit lauter »X« und »O«. Das Team, das als Erstes vier seiner Symbole waagerecht, senkrecht oder diagonal aneinandergrenzend untergebracht hat, gewinnt.

❖ ❖ ❖

288 FRÜH ÜBT SICH

 »Es ist wichtig, dass Kinder Träume leben.
Als ich fünf Jahre alt war, lebte ich in meinem Zimmer
und träumte von einem Sieg bei Roland, hob den Pokal
und beantwortete Fragen von Journalisten.«
—
Justine Henin hat schon früh von großen Erfolgen wie dem Grand-Slam-Turnier Roland Garros in Paris geträumt. Mehr als 100 Wochen führte sie die Tennis-Weltrangliste an. Ihre einhändige Rückhand war laut John McEnroe »der schönste Schlag, den es im Tennis gibt«.

❖ ❖ ❖

289 BEINE HOCH

  Dieses Spiel ist ein Klassiker aus der Reihe »Spiele unter freiem Himmel«. Neben einigen Mitspielern brauchst du dafür eine Leine, an die du einen Ball oder einen anderen Gegenstand bindest. Ein Spieler steht alleine in der Mitte und dreht sich nun mit der Leine in der Hand im Kreis – damit ist auch das Spielfeld eröffnet. Der Ball sollte ungefähr 20 cm über dem Boden kreisen. Die anderen Spieler treten nun in den Kreis und springen hoch, wenn die Leine auf sie zukommt. Wer die Leine berührt oder sie aufhält, scheidet aus. Der letzte Spieler ist der Gewinner und darf in der nächsten Runde die Leine kreiseln.

290 WIE GEHT EIGENTLICH...
EIN FUSS-SPRUNG

 Mancher wird überrascht sein, aber es gibt neben dem »Köpper« oder dem »Bauchklatscher« noch weitere Sprungtechniken, um ins Wasser zu kommen. Dazu zählt der Fuß-Sprung.

Dabei springst du aus dem Stand oder einbeinig mit einem Schritt hoch ab. Wichtig ist die gestreckte Körperhaltung, die du erst unter Wasser auflöst. Die Arme schwingen beim Sprung nach oben. Vor dem Eintauchen legst du sie seitlich an die Oberschenkel. Achte darauf, deine Fußspitzen nach unten zu drücken.

291 KUNST BEI DEN OLYMPISCHEN SPIELEN

 Stell dir vor, du würdest für die Zeichnung deines Lieblingssportlers eine Goldmedaille bekommen – oder für dein Lego-Sportstadion. Und die Medaille würden nicht deine Eltern oder Großeltern verleihen, sondern waschechte Würdenträger vom Olympischen Komitee. Und die Nationalhymne würde natürlich auch noch gespielt, während du den Zuschauern zujubelst.

So seltsam es klingt, doch zwischen 1912 und 1948 wurden bei den Olympischen Spielen tatsächlich Kunstwettbewerbe ausgetragen. Damals gab es nicht nur für Sportwettbewerbe Medaillen, sondern auch für Architektur, Literatur, Musik, Malerei und Bildhauerei.

Pierre de Coubertin, der Initiator der Olympischen Spiele der Neuzeit, hatte die Idee dazu, wenngleich es viele Skeptiker gab. Seine Kritiker sollten auch erst einmal recht behalten. 1912 nahmen lediglich 35 Künstler an den Wettbewerben teil. 1924 stieg die Zahl immerhin schon auf 193 eingereichte Werke. Bei den Olympischen Spielen 1928 in Amsterdam wurden sogar 1.100 Werke aus 31 Ländern in einem Museum ausgestellt. Auch bei den folgenden Spielen gab es viele Teilnehmer auf Künstlerseite. 1948 beteiligten sie sich zum letzten Mal bei den Olympischen Spielen, da der Kunstwettbewerb 1952 aus dem Programm gestrichen wurde – offiziell aus Zeitgründen. Bis dahin konnten Künstler aus der ganzen Welt Gold, Silber oder Bronze holen. Zum Beispiel für Gedichte, Statuen, Gemälde oder Marschmusik.

Eine Goldmedaille in Architektur erhielt etwa Jan Wils für seine Pläne für das Amsterdamer Olympiastadion. Besonders erfolgreich war der Maler Jean Jacoby, der Gold für das dreiteilige Gemälde »*Étude de Sport*« (1924) und die Zeichnung

Holte 1928 Olympiagold: »Rugby« von Jean Jacoby.

»*Rugby*« erhielt (1928). Dem US-Amerikaner Walter Winans gelang das Kunststück, sowohl als Sportschütze Gold zu holen als auch als Künstler für die Skulptur »*An American Trotter*« (»Ein amerikanischer Traber«). Pierre de Coubertin, der Erfinder der Kunstwettbewerbe, nahm übrigens selber als Künstler an den Olympischen Spielen teil. 1912 reichte er unter dem Pseudonym »Georges Hohrod und Martin Eschbach« eine »*Ode an den Sport*« ein. Sein Lohn: eine Goldmedaille im Literatur-Wettbewerb.

Der Zehnkämpfer und spätere IOC-Präsident Avery Brundage sollte nicht ganz so erfolgreich sein. Immerhin nahm er nicht nur 1912 an den Sportwettbewerben teil, sondern 1932 und 1936 auch in Literatur. Der Brite John Copley erhielt 1948 Silber in der Kategorie »Gravur und Kupferstecherei«: Mit 73 Jahren ist er damit der älteste Olympiamedaillengewinner aller Zeiten.

292 STADIONGESÄNGE, DIE DU KENNEN (ABER AUCH NICHT IMMER SINGEN) SOLLTEST

»Huh!«

»Schiri, wir wissen wo dein Auto steht, fahr Bus und Bahn, fahr Bus und Bahn«

»Bayern, wir hören nichts!«

»Zieht den Bayern die Lederhosen aus!«

»Uns zieht keiner die Lederhosen aus!«

»Wir singen: [bitte Vereins- oder Stadtnamen nach Wahl eintragen] Zweite Liga, oh ist das schön, euch nie mehr zu sehen!«

»Nie mehr Zweite Liga, nie mehr, nie mehr!«

»Jetzt steigen wir wieder auf, dann steigen wir wieder ab, dann wir wieder auf, und dann steigen wir wieder ab. Das finden wir lustig, weil wir bescheuert sind.«

»Ihr seid nur ein Karnevalsverein!«

»Wir woll'n die Mannschaft seh'n, wir woll'n die Mannschaft seh'n, wir woll'n, wir woll'n die Mannschaft seh'n!«

»Und ihr wollt Deutscher Meister sein?«

»Berlin, Berlin, wir fahren nach Berlin!«

»So seh'n Sieger aus – Shalalalala«

»Wir hab'n bezahlt, wir hab'n bezahlt, wir hab'n bezahlt, wir woll'n was seh'n«

»Ihr habt bezahlt, ihr könnt jetzt geh'n!«

293 DER BESTE ZEICHENTRICKFILM ÜBER DEN RADSPORT

Der Film »*Das große Rennen von Belleville*« fällt ganz schön aus dem Rahmen. Es handelt sich dabei nämlich um einen Zeichentrickstummfilm. Denn in den kompletten 77 Minuten gibt es so gut wie gar keine Dialoge. Eine weitere Besonderheit: Die Figuren sind gezeichnet und stammen nicht aus dem Computer, wie es bei vielen Trickfilmen mittlerweile üblich ist. Zu sehen und zu entdecken (und zu hören) gibt es bei dem Film trotzdem eine Menge. Oma Souza findet heraus, dass das Herz ihres Adoptiv-Enkels Champion für den Rennradsport schlägt. Sie unterstützt ihn, wo sie nur kann. Schließlich geht er sogar bei der Tour de France an den Start, wo er von zwielichtigen Kerlen entführt wird. Oma Souza und Hund Bruno nehmen die Verfolgung auf. Der Film ist herrlich schräg und unternimmt eine Zeitreise in die 1920er- und 1930er-Jahre.

Wenn du lieber Spielfilme schaust, solltest du dir den Streifen »*Das Rennrad*« (im Original: »*Le Vélo de Ghislain Lambert*«) ansehen. Auch dieser Film nimmt dich in die Vergangenheit mit. Hier geht die Zeitreise in die 1970er. Ghislain Lambert ist Rennradprofi und will endlich ganz groß rauskommen. Auf dem Weg an die Weltspitze lässt er kaum einen Versuch aus, so blöd er auch sein mag. Eine kurzweilige Komödie – mit erstklassigen Trikots, Rädern und Kulissen.

294 DIE 15 SPORTLER, DIE AM HÄUFIGSTEN IN POPSONGS AUFTAUCHEN

Du möchtest ein Lied über deinen Lieblingssportler schreiben? Gute Idee, es muss ja nicht immer ein ganzes Album sein. Manchmal reicht auch schon eine Textzeile. Ein paar Nerds aus England haben sich 2020 die Mühe gemacht, die Songtexte Tausender Künstler danach zu durchleuchten, welche Profisportler dort am öftesten auftauchen. Das ist ihre Top 15 (in der sich leider nicht eine Frau findet):

Kobe Bryant (Basketball) | *Lionel Messi* (Fußball) | *Michael Jordan* (Basketball) | *Mike Tyson* (Boxen) | *Cristiano Ronaldo* (Fußball) | *Diego Maradona* (Fußball) | *George Best* (Fußball) | *Muhammad Ali* (Boxen) | *Neymar* (Fußball) | *Tiger Woods* (Golf) | *Zinedine Zidane* (Fußball) | *Usain Bolt* (Leichtathletik) | *Jim Brown* (American Football) | *Lebron James* (Basektball) | *David Beckham* (Fußball)

295 **BOULDERN**

Dank Kletterhallen oder Kletterparks kannst du ja mittlerweile auch im Flachland Berge erklimmen. Für Einsteiger ist *Bouldern* besonders reizvoll: In speziellen Boulderhallen kannst du Klettern ohne Seil oder Gurt üben. Der Deutsche Alpenverein hat wichtige Regeln zusammengefasst, damit das Bouldern von Anfang an mehr Spaß macht:

Aufwärmen

Bouldern bedeutet eine hohe Belastung für Muskeln, Bänder und Sehnen. Daher solltest du dich vor dem Start in geeigneten Bereichen aufwärmen.

Sturzraum freihalten

Das sichere Fallen auf Matten gehört beim Bouldern dazu. Deshalb solltest du dich grundsätzlich nicht unter anderen Bouldernden aufhalten, nicht zu eng nebeneinander oder übereinander bouldern und Kollisionen vermeiden.

Spotten

Für zusätzliche Sicherheit beim Bouldern können sogenannte »Spotter« sorgen: Das sind Zuschauer, die dem Kletterer zur Seite stehen und im Fall des Falles ein unkontrolliertes Abstürzen oder Aufprallen am Boden vermeiden können. Wichtig: Die Spotter sollten nicht im direkten Sturzbereich stehen.

Abspringen oder Abklettern?
Grundsätzlich gilt: Sichere Landung geht vor Kletterhöhe. Nach Möglichkeit solltest du mit geschlossenen Füßen landen und abrollen. Nutze gekennzeichnete Ausstiege. Es ist besser, abzuklettern statt abzuspringen.

❖ ❖ ❖

296 TIPPS ZUM SCHLITTSCHUHLAUFEN

 Ob Eishockeyspiel oder Eiskunstlauf: Wer die Profis dabei beobachtet, wie sie auf den eisigen Bühnen dieser Welt ihrem Sport nachgehen, mag ins Schwärmen geraten ob all der Pirouetten oder Tempoläufe.

Eislaufen ist gewiss nicht die einfachste Art, sich fortzubewegen. Doch mit etwas Übung kann es auch dir richtig viel Spaß machen, über die Eisbahn zu sausen. Diese Tipps können Anfängern helfen:

Schritt für Schritt
Wenn du deine ersten Schritte auf dem Eis machst, ist es vollkommen normal, dass sich deine Beine vor lauter Respekt vor der glatten Eisfläche wie Wackelpudding anfühlen. Halte dich erst mal an den Seitenrändern der Eisbahn fest. So kannst du ein Gefühl für das Eis bekommen und selber entscheiden, wann du loslässt.

Haltung
Einsteiger gehen am besten leicht in die Knie, das erhöht die Stabilität. So hast du eine bessere Balance und beugst Stürzen vor. Schaue möglichst nach vorn, nicht auf deine Füße.

Lauftechnik
Anders als beim normalen Gehen setzt du die Füße beim Schlittschuhlaufen nicht hintereinander auf, sondern nebeneinander. Dabei zeigen die Fußspitzen leicht nach außen. Dann verlagerst du dein Körpergewicht erst auf den einen, dann auf den anderen Fuß. So fängst du an, langsam zu gleiten.

Bremsen
Eine gute Bremstechnik besteht darin, dein Gewicht auf deinen dominanten Fuß zu verlagern und die Spitze des anderen Fußes ins Eis zu piksen und hinter dir herzuziehen.

Hinfallen
Bei einem Sturz solltest du möglichst nach vorne fallen. Balle deine Hände zu einer Faust, damit niemand über deine Finger fahren kann.

297 REKORD MIT REGELÄNDERUNG

»Zuerst frontal gegen den Wind, das gab ihm Höhe und dann hat er sich hinten schön lang gemacht.« So hat Speerwerfer *Uwe Hohn* den spektakulären Wurf erläutert, der ihn am 20. Juli 1984 an die Weltspitze katapultierte. Über 20.000 Zuschauer im Ost-Berliner Friedrich-Ludwig-Jahn-Sportpark staunten nicht schlecht, als Hohn den Speer 104,8 Meter weit warf. Nie zuvor war es einem Athleten gelungen, die 100-Meter-Marke zu knacken. Kein Wunder, dass auch die Anzeigetafel überfordert war: Sie konnte nur zweistellige Werte anzeigen. So stand Uwe Hohn neben jener Tafel, die gerade einmal eine Weite von 04,80 Meter anpries. Ein Bild für die Geschichtsbücher.

Der Wert wird nur schwerlich übertroffen werden können. Denn der internationale Leichtathletikverband steckte kurz nach Hohns Weltrekord seine Köpfe zusammen, um die Regeln zu ändern. Zu groß war die Angst, dass die Speere bei Wettbewerben so weit fliegen könnten, dass andere Athleten oder Zuschauer gefährdet wären. Seit 1986 sind nur noch Wurfspeere mit einem veränderten Schwerpunkt erlaubt. Dadurch ist es so gut wie unmöglich geworden, einen Speer über 100 Meter zu werfen.

298 ESST MEHR SPECK

»Er war unglaublich dünn. Seine Beine waren wie Stelzen,
ich hatte immer Angst, dass sie ihm irgendwer bricht.
Ich wollte, dass er robuster wird, und habe immer gemeint,
er müsse mehr Speck essen!«

—

*Trainer Krzysztof Sykorski
über seinen ehemaligen Jugendspieler Robert Lewandowski*

299 AM ZIEL

Es ist das Ziel in vielen Sportarten: die Ziellinie als Erster zu überqueren. Wer kennt sie nicht, die Jubelbilder überglücklicher, mitunter erschöpfter Sportler im Zielbereich. Das Hochreißen der Arme, die Fingerzeige in den Himmel, eine ausgestreckte Handschuhfaust aus dem Rennwagen.

Doch es gibt in der Sportgeschichte einige Beispiele für, nun ja, ungewöhnliche Zielankünfte. Mehrfach waren sich Radprofis zu sicher, dass sie ein Rennen gewinnen würden und rissen kurz vor der Ziellinie siegessicher die Arme nach oben. Dumm nur, dass sie auf den letzten Metern noch von einem Kontrahenten überholt wurden. So ist es beispielsweise dem deutschen Sprint-Ass *Erik Zabel* ergangen, der 2004 beim Rennen Mailand–Sanremo überschwänglich die Arme hochriss, um dann erschrocken zu registrieren, dass der Spanier Oscar Freire auf den letzten Zentimetern noch vorbeizog. Selbst einem Könner wie dem Rad-Weltmeister *Julian Alaphilippe* passierte dieses Missgeschick, als er beim Klassiker Lüttich–Bastogne–Lüttich auf der Zielgerade fröhlich jubilierte, um dann doch noch von Primož Roglič übertrumpft zu werden.

Zu früh gefreut: Erik Zabel 2004 bei Mailand–Sanremo.

Dem spanischen Motorrad-Piloten *Julian Simon* ist ein vergleichbares Missgeschick widerfahren. Beim Grand Prix von Katalonien fuhr er nach 21 Runden jubelnd über die Ziellinie und bremste sein Motorrad ab, um sich gebührend feiern zu lassen. Doch seine Mechaniker zeigten sich wenig erfreut und schwirrten stattdessen wie ein Haufen aufgeschreckter Wespen umher. Es war nämlich noch eine Runde zu fahren. Simon setzte sich zwar wieder auf sein Motorrad, am Ende landete er aber nur auf dem vierten Platz. Später ärgerte er sich: »Ich habe verloren, weil ich ein Schild falsch gedeutet habe.«

Dass man sich nicht zu früh freuen sollte, weiß auch American-Football-Spieler *Kaelin Clay*. In dem Irrglauben, einen Touchdown erzielt zu haben, begann er einen Jubeltanz mit seinen Mitspielern. Allerdings war der von ihm abgelegte Ball ein paar Zentimeter vor der Endzone gelandet. Der Ball blieb also im Spiel. Und während die einen Spieler noch ein hübsches Jubeltänzchen aufführten, reagierten die Gegner und brachten das Spielgerät rasch auf die andere Feldseite, um selber einen Touchdown zu erzielen. Diesmal zählte er.

Etwas anders verhält es sich mit dem französischen Marathonläufer *Boughéra El Ouafi*. Bei den Olympischen Spielen 1928 in Amsterdam kam er erst spät so richtig in Schwung. Als ein Drittel der Strecke absolviert war, lag er über 2 Minuten hinter der Spitzengruppe zurück, zu der auch die hochgehandelten Favoriten gehörten. Einer von ihnen war der Japaner Yamada. Als dieser rund 12 Kilometer vor dem Ziel das Tempo anzog, konnten seine Konkurrenten einer nach dem anderen nicht mehr mithalten. Zugleich gelang es El Ouafi, das Feld von hinten aufzurollen. Er überholte schließlich auch den führenden Japaner und überquerte nach 2 Stunden und 32 Minuten als Erster die Ziellinie im Olympiastadion in Amsterdam – allein er hatte beim Laufen gar nicht registriert, dass er alle Gegner überholt hatte, und zeigte sich entsprechend überrascht. Geschichte hat er so oder so geschrieben: El Ouafi, der ursprünglich aus Algerien stammte, war der erste in Afrika geborene Marathon-Olympiasieger.

DER AUTOR

Andreas Beune, geboren 1972, hat in Bielefeld Geschichte, Soziologie und Arminia studiert. Autor mehrerer erfolgreicher Sportbücher, Mitglied der Lesebühne »Zirkeltraining«, Vater zweier sportbegeisterter Söhne, langjähriger Fußballjugendtrainer und Jugendleiter eines großen Bielefelder Sportvereins. Die Hauswand seines Elternhauses weist heute noch die (auch von ganzen Malergenerationen nicht auszubügelnden) Spuren unzähliger Solo-Tennisstunden auf.

BILDNACHWEIS

Umschlag: Oxana Grivina - stock.adobe.com (Fußballer/Hintergrund, Frontcover), Angelina Bambina - stock.adobe.com (kleine Figuren, Frontcover).

Abbildungen im Innenteil: Alamy Stock Photo/Giuseppe Masci (67), Dreamstime.com (ID 38076349 / Bgopal - 59; ID 91622717 / Adwo - 81; ID 50133147 / Carlos Carvalho - 88), Dosionair (CC BY 2.0 - 133); dpa Picture-Alliance (Eibner-Pressefoto/Kohring - 17; Mohssen Assanimoghaddam - 63; Michael Billig - 136), Greta Kottmann (34/35), Hennes Roth (58, 189), HTWWWM/Stefan Forelle (11), iStock (d-l-b / 15); Jean Jacoby (183), Pixabay/Creative Commons CC0 (Icons für Spiele, draußen/drinnen, Film, Sportgeschichte etc. - 7ff.), PR/Promo (10, 48, 56, 89, 110, 164), Steffi Behrmann (190), stock.adobe.com (sanechka - 8; jenesesimre - 14; katyshka - 27; Mirek - 28; Joe - 33; Yanukit - 36; romanruzicka - 40; markus roemer/EyeEm - 52, Actionpics - 69; EdNurg - 71; Martin - 72; iuneWind - 73; ResiLente - 91; Björn Wylezich - 94; Pixel-Shot - 95; Charles LIMA - 97; lumachina_99 - 101; Ilya_kovshik - 104; rathchapon - 105; Brenda Carson - 107; petroudny - 111; Piotr Wawrzyniuk - 112; Natalia Danecker - 116; merla - 118; Evolvect - 119; diavolessa - 121; alroarts - 123; Ahturner - 124; vladimir18 - 126; Manivannan T - 127; Boris Ryaposov - 130; Tom - 134; tinadefortunata - 138; Andy Nowack 144; GVS - 148; MichaelJBerlin - 154; Soloviova Liudmyla - 156; Lightfield Studios - 161; kadenkei - 168; fotomek - 173; Marco Igel - 174; dglimages - 178; Rawpixel.com - 180; tcsaba - 186; chartgraphic - Vorsatz/Nachsatz), Willi Capsa (9, 13, 19, 23, 31, 38, 43, 45, 50, 54, 61, 64, 70, 74, 75, 78, 83, 87, 92/93, 98, 103, 108, 114, 122, 128, 129, 135, 141, 143, 146, 152, 153, 158, 163, 166, 170, 176, 182).

Es wurde jede Anstrengung unternommen, die Inhaber aller Bildrechte ausfindig zu machen; sollte dennoch unbeabsichtigt eine Nennung fehlen oder fehlerhaft sein, bitten wir die betreffenden Personen, Kontakt mit uns aufzunehmen, so dass die Angaben in folgenden Ausgaben oder Druckauflagen ergänzt werden können.

COVADONGA VERLAG

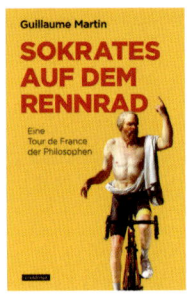 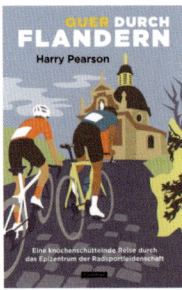  

Die Lust am schnellen Radfahren. Abenteuer auf zwei schmalen Reifen. Die Faszination und die Geschichte(n) großer Rennen, legendärer Anstiege und bildschöner Rennräder. Die wundersame Welt des Profiradsports. Die Geheimnisse bekannter Rennfahrer und das Geheimnis erfolgreichen Trainings. Das sind die Themen, auf die der Covadonga Verlag in Bielefeld seit seiner Gründung im Jahr 2002 sein Augenmerk legt.

Zu den Autoren zählten und zählen unter anderem Andreas Beune, Dino Buzzati, Thomas Dekker, Wilfried de Jong, Marijn de Vries, Renate Franz, Joe Friel, Phil Gaimon, Hannah Grant, Jan Heine, Paul Kimmage, Philipp Köster, Tim Krabbé, Albert Londres, Guillaume Martin, Benjo Maso, David Millar, Tim Moore, Graeme Obree, Michael Ostermann, Harry Pearson, Hennes Roth, Geraint Thomas, Lidewey van Noord, Jonathan Vaughters, die Velominati, Dave Walker, Bradley Wiggins, Peter Winnen und Gianluca Zaghi. Radfahrer von Welt- und Kreisklasse, die dem Radsport eine literarische Stimme verleihen. Ausnahmeerscheinungen im Peloton. Radprofis, die anecken. Preisgekrönte Schriftsteller mit einem Faible für Radsport und Rennräder. Legendäre Reporter und große Humoristen. Die originellsten Chronisten der Jedermann-Szene. Internationale Koryphäen in Fragen Training, Fahrradtechnik und -restaurierung. Sie alle schreiben für Covadonga. Meist über den Radsport, manchmal auch über seine nahen Verwandten.

www.covadonga.de